edition suhrkamp
Redaktion: Günther Busch

Martin Walser, 1927 in Wasserburg (Bodensee) geboren, lebt
heute in Nußdorf (Bodensee). 1957 erhielt er den Hermann-
Hesse-Preis, 1962 den Gerhart-Hauptmann-Preis und 1965 den
Schiller-Gedächtnis-Förderpreis. Prosa: *Ein Flugzeug über dem
Haus und andere Geschichten; Ehen in Philippsburg; Halbzeit;
Lügengeschichten; Das Einhorn; Fiction; Aus dem Wortschatz
unserer Kämpfe; Die Gallistl'sche Krankheit; Der Sturz*. Stücke:
*Eiche und Angora; Überlebensgroß Herr Krott; Der Schwarze
Schwan; Der Abstecher; Die Zimmerschlacht; Ein Kinderspiel.*
Essays: *Erfahrungen und Leseerfahrungen; Heimatkunde.*
In diesen Aufsätzen und Reden gibt Martin Walser Auskunft
über die kulturpolitische Situation der Bundesrepublik Deutsch-
land. Sie sind Ausdruck und Erläuterung seines gesellschaftskritischen Engagements und der Versuch, seine Vorstellungen,
soweit das einem Schriftsteller möglich ist, in die Praxis umzu-
setzen. – Am aktuellen und am historischen Beispiel analysiert
Walser den sozialen Auftrag des Autors und die Widerstände,
mit denen er zu rechnen hat *(Wie und wovon handelt Literatur;
Hölderlin zu entsprechen)*. Kritisch setzt er sich in *Über die
Neueste Stimmung im Westen* mit den zeitgenössischen Formen
literarischer Innerlichkeit auseinander. Er beschreibt das Selbstverständnis und die Funktion des künstlerischen Außenseiters
und ruft auf zur Gründung einer IG Kultur. In weiteren Aufsätzen reflektiert er die politischen und ökonomischen Bedingungen kapitalistischer Gesellschaft *(Kapitalismus oder Demokratie)* oder seine Beobachtungen des Wahlkampfs *(Wahlgedanken)*.

Martin Walser
Wie und wovon handelt Literatur
Aufsätze und Reden

Suhrkamp Verlag

edition suhrkamp 642
Zweite Auflage, 11.–12. Tausend 1980
© Suhrkamp Verlag, Frankfurt am Main 1973. Erstausgabe. Printed in Germany. Alle Rechte vorbehalten, insbesondere das der Übersetzung, des öffentlichen Vortrags und der Übertragung durch Rundfunk und Fernsehen, auch einzelner Teile. Satz, in Linotype Garamond, Druck und Bindung bei Georg Wagner, Nördlingen. Gesamtausstattung Willy Fleckhaus.

Inhalt

Über die Neueste Stimmung im Westen 7
Hölderlin zu entsprechen 42
Für eine IG Kultur 67
Kapitalismus *oder* Demokratie 76
Heimatbedingungen 89
Wahlgedanken 100
Wie und wovon handelt Literatur 119
Nachwort 139

Über die Neueste Stimmung im Westen

> »Die Erfahrungen werden mehr oder minder vollkommen in einfachere, häufiger vorkommende Elemente zerlegt und zum Zwecke der Mitteilung stets mit einem Opfer an Genauigkeit symbolisiert.«
> *Ernst Mach*

Die, die zur Sprache das beste Verhältnis haben, scheuen sich jetzt, Meinungen zu haben. Das kommt wohl daher, daß sie sich ekeln vor der Unzahl von Meinungen, die jetzt andauernd mit Hilfe von Sprache hergestellt wird. Meinungen wurden immer gebraucht, um etwas, was man nicht übersehen konnte, zu vermitteln: durch Erklärung, Warnung, Verbot und so weiter. Religion ist so ein System aus Meinung. Dann Philosophie. Politik. Immer mehr Meinung wurde notwendig. Man kann jetzt schon nichts mehr tun, ohne darüber eine Meinung zu haben: Händewaschen, Lieben, Erziehen, Essen, Spazierengehen, Tischtennisspielen, Kaufen, Verkaufen, Atmen, alles ist durch Meinungen vermittelt. Auch der Konsum der Meinungen ist durch Meinungen vorgeformt. Fernsehen, Lesen, Kino, man hat schon vorher eine Meinung über die Meinung, die man zu sich nimmt. Und die wichtigste Meinung für einen jeden wurde dann das sogenannte Selbstbewußtsein; das ist das Produkt aus allen konsumierten und gebildeten Meinungen, die einer hat.

Jetzt kann keiner mehr auch nur die schlichteste Laufbahn bestreiten, ohne daß er eine übertriebene und deshalb leicht verletzliche Meinung von sich hat. Er muß sich durchsetzen. Jeden Tag muß er einem anderen gegenüber recht haben. Wem öfter recht gegeben wird, der bringt es weiter. Er verdient Geld mit jedem, der seine Meinung wissen will. Sein Selbstbewußtsein wird ernährt von den

Meinungen, die sich seiner Meinung anschließen. Das ist ein imperialistisches Prinzip, könnte man sagen. Euphemistisch nennt sich dieses System »pluralistische Gesellschaft«. Der englische Psychiater Ronald D. Laing sagt: »Dazu erzeugt das System Unwissenheit über sich selbst und eine Unwissenheit über diese Unwissenheit.« Dieser Meinung schließe ich mich nicht ganz und gar an. Das System erzeugt zwar Unwissenheit über sich selbst, aber es produziert gerade durch die Fülle der in ihm konkurrierenden Meinungen bei den meisten auch ein Gefühl der Unwissenheit, der Inkompetenz, der Unsicherheit und Angst. Davon leben dann wieder andere, privilegierte Meinungsmacher: sogenannte Experten. Das System wird als undurchschaubar empfohlen. Es ist sozusagen überhaupt nicht faßbar, es sei denn in Form von Meinungen.

Eine der am besten ernährten Meinungen besagt, daß in diesem System keine einzelne Meinung und nicht die Meinung eines einzelnen den Ausschlag gebe, sondern daß gehandelt werde nach der Meinung einer Majorität. Diese Meinung wird von denen verbreitet, die die einflußreichsten Apparate zur Verbreitung ihrer Meinung haben.

Seit zirka 10 Jahren haben sich immer mehr Schriftsteller aus diesem Feld zurückgezogen. Sie haben am empfindlichsten auf die atemraubende und erlebniskränkende Meinungsindustrie reagiert. Auf verschiedene Weise und doch in der gleichen Richtung. Die einen widmen sich der Erweiterung ihres Bewußtseins nach innen; in einen Bereich also, in den die Manipulateure bis jetzt noch nicht reichen, in einen meinungsfreien Bereich. Sie suchen mit Hilfe von Drogen und Musik einen von keiner Meinung besetzten Erlebnisbereich. Einer der amerikanischen Wegweiser, Marshall McLuhan, sagte, die Massenmedien seien eine Ausweitung des Nervensystems der Rock-Generation. Chester Anderson, ein Lyriker, sagt, die Rock-Musik sei

eine »elektronische Erweiterung des zentralen Nervensystems«. In einem Gedicht von John Perreault, das *Radio* überschrieben ist, heißt es: »Radio, du schützt mich / vor der Art, wie diese Straße aussieht / oder der Art, wie dieses Zimmer aussieht.«
Und Leslie A. Fiedler, der theoretische Prophet dieser Neuesten Stimmung, sagt: »Die Jungen huldigen der Bindungslosigkeit und akzeptieren sie als eine der unumgänglichen Folgen des industriellen Systems, das sie von Arbeit und Pflicht erlöst hat, als Konsequenz des Wohlfahrtsstaates, der – ob er sich kapitalisitisch, sozialistisch oder kommunistisch nennt – Desengagement zur letzten noch möglichen Tugend macht.« Was in den USA psychedelisch floriert, hat bei uns artifiziellere Auszeichnungen. Das Desengagement führte zur Weigerung, mit Sprache Meinung herzustellen, und entwickelte eine artistische Methode der Reduktion des Ausdrucks auf Sprachfertigteile, auf Montage und Collage und Bloßlegung von Sprachstrukturen. Diese Bewegung reicht am sichtbarsten von Heißenbüttel bis Handke. Bloßgelegt werden die in Sprachformeln verdinglichten Meinungen. Mehr oder weniger bloßgelegt. Oft genug werden die Sprachfertigteile einfach als Spiel- und Reizmaterial verwendet. Entscheidend für den Verlauf dieser Bloßlegungs-Prozesse ist die Empfindlichkeit des einzelnen Autors oder auch sein Überdruß. Historische und streng gesellschaftliche Bedingungen werden bei diesen Bloßlegungen nicht enthüllt. Sie gehören nicht zum Arbeitsprogramm. Soziale Notwendigkeit ist überholt. Wenn keiner mehr vor deiner Schwelle verhungert, bist du anscheinend fein heraus. Wenn du leben kannst vom Verkauf deiner abenteuerlichen Selbstbeobachtungen oder persönlichen Sprach-Erlebnisse, hast du keine spürbare gesellschaftliche Funktion mehr. Du wirst immer mehr der Einzige, den es gibt für dich. Die dadurch

entstehende Asozialisierung schärft wiederum deine Empfindlichkeit für die Gemeinheiten des Meinungsmarktes, steigert deine Verletzlichkeit und liefert dir immer weiter den Kummer, der wiederum zum Anlaß weiterer Selbsterforschung und Sprachprüfungen wird. Eine lange Zeit hindurch hatten Schriftsteller einen großen Anteil an der Befreiung von der herrschenden Meinung der Religion und der mit der Religion verbündeten Herrschaftsschicht. Schriftsteller haben mitgearbeitet an der Selbstbefreiung des Bürgertums. Jetzt stimmen sie als bürgerliche Schriftsteller, die sich selbst als nicht bürgerlich verstehen, durch ihre Abstinenz der jeweils herrschenden Meinung – und das ist die Meinung der Herrschenden – zu.

Wenn man glaubt, es werde jetzt immer komplizierter, etwas zu erkennen, dann zieht man sich entweder auf sich selbst zurück oder man versucht noch, sich Hilfsmittel zu beschaffen, die man selber nicht machen kann. Die Hilfsmittel sind nicht willkürlich wählbar. Man sucht sich das, was mit den eigenen Erfahrungen vermittelt werden kann. Sonst wären die Hilfsmittel gar keine. Die einen sind also radikal auf sich selbst bezogen. Die anderen erarbeiten sich irgendeine Art von Marxismus. Es gibt auch noch Intellektuelle, die glauben, sie könnten solche Bewegungen von außen beschreiben. Zweifellos sind beide Bewegungen ableitbar. Aber das, wovon sie ableitbar sind, enthält und konditioniert auch die betrachtenden Intellektuellen, die glauben, von außen her analysieren zu können. Es gibt keinen theoretischen Standpunkt. Auch das Zuschauen ist gesellschaftlich bedingte Praxis. Die Bedingung einer Bedingung ist wieder eine Bedingung. Unabhängig dürfen sich nur noch Tageszeitungen nennen. Das ist zwar längst bekannt; trotzdem wird etwa die Studentenbewegung von Wissenschaftlern und Schriftstellern kritisch bis rechthaberisch im Indikativ beschrieben

und dieser Bewegung werden Vorhaltungen aus einer Mentalität gemacht, die sich zur Vernunft ernennt.
Das wäre nur sinnvoll, wenn die Studentenbewegung auf dem selben Papier stattfände, auf dem die vernünftigen Kritiker schreiben. So aber ist die Studentenbewegung nur durch Praxis und nur auf der Ebene zu widerlegen, auf der sie stattfindet: d. h. es müßten sich Studenten, Professoren oder Schriftsteller finden, die bereit wären, eine von der Befreiung und Demokratisierung wegführende Praxis zu praktizieren. Sie müßten ihre Rechte preisgeben, autoritäre Zeremonien unterstützen, Frauen in die Kirche sperren, CSU wählen, neue Talartänze erfinden usw. Sich schriftlich gegen einen Demokratisierungsprozeß zu wenden, ist Vergeudung von Lebenszeit. Wer sich schriftlich gibt, ist zwar auch tätig, aber dadurch, daß er gegen Handelnde schreibt, stellt er geringere Ansprüche an die Wirklichkeit, gibt er sich mit Schreib-Praxis zufrieden, fehlt ihm offenbar die Notwendigkeit. Und ohne Notwendigkeit, also etwa aus reiner Einsicht, wird keiner handeln.
Die Studentenbewegung in der ganzen Welt findet auf jeden Fall nicht im Zeichen der Neuesten Stimmung statt. Was auch immer ihr an persönlichen, ja narzißtischen Motiven diente, sie hat ihre Motive rationalisiert und sich von der sogenannten existenziellen Verweigerung zur politischen Theorie und Praxis weiterentwickelt. Ich glaube sogar, daß die Autoren dessen, was ich Neueste Stimmung nenne, auf den selben gesellschaftlichen Befund reagieren wie die Studenten. Nur sind ihre Autoren und ihr Publikum genau den entgegengesetzten Weg gegangen, um sich von der vorgefundenen bürgerlich-kapitalistischen Misere zu befreien.

Nach Leslie A. Fiedler besteht die Neueste Literatur-Stimmung aus drei Elementen: Western, Science-fiction,

Pornographie. Und der Aggregatzustand: »Traum, Vision, Ekstase, das will die neue Literatur« (L. A. Fiedler). Negativ ausgedrückt: so weit als möglich weg von Proust und Brecht. So weit als möglich weg von einer Ausdruckspraxis, die die Welt noch mit Hilfe kritischer Abbilder korrigieren wollte, oder die, selbst wenn die Schreiber das nicht beabsichtigt hatten, ganz von selbst brauchbar schien als ein Mittel zur Ausbildung eines kritischen und dadurch zur Veränderung drängenden Bewußtseins vom gesellschaftlichen Zustand.

Ironie und Verfremdung sind der Neuesten Stimmung nur noch zum Kotzen.

Ironie entstand literarisch wohl immer dann, wenn ein Autor sich und seine Gesellschaft dafür entschädigen wollte, daß er und seine Gesellschaft nicht das praktizierten, was er und seine Gesellschaft von sich verlangten. Ironie bringt Entschädigungsliteratur hervor. Aufhebung und Stillegung des Anspruchs. Veredelung eines persönlichen und gesellschaftlichen Versagens. Tatsächlich ist eine langwährende und immer wieder zu nichts führende Ironie-Literatur schon ziemlich schlimm. Daß soviel Intelligenz sich so abfinden kann und anderen hilft sich abzufinden; daß es über lange Zeit hin so aussieht, als könnte man sich der Wirklichkeit gegenüber nur mit Ironie salvieren; als wäre man gerechtfertigt, wenn man seinen Anspruch in Ironie verspiele; das hat die Ironie diskreditiert. Die Verfremdung ist wahrscheinlich schon aus dem Ekel vor der immer prunkvolleren Selbstgenügsamkeit und Selbstsucht der Ironie entstanden. Was Brecht vom Nobelpreisträger Thomas Mann hielt und schrieb, zeigt den Umschwung an. Der Ironie-Brokat des großbürgerlichen Großschriftstellers war endgültig als schäbig erkennbar geworden. Übrigens wird durch den Unterschied von Proust und Thomas Mann doch sichtbar, daß auch in der

Ironie-Literatur der Anspruch mehr oder weniger verspielt werden konnte. Proust hat aus der Ironie noch ein Erkenntnismittel gemacht. Thomas Mann wurde von Mal zu Mal selbstgenügsamer. Die Verfremdung griff dann direkt zu. Sie sagte, was sie wollte. Erreichte sie mehr als die Ironie? Sie wollte auf jeden Fall mehr. Sie erhob einen praktischen Anspruch. Sie erlaubte sich nicht so leichte Rechtfertigungen wie die durchschnittliche Ironie. Sie gab sich nicht mehr als Entschädigungs-Literatur zufrieden. Ich glaube, die Verfremdung erreichte mehr.

Die Autoren nach Brecht greifen scheinbar noch direkter zu als die Autoren des Realismus in seiner Verfremdungs-Stufe. McLuhan abwandelnd kann man jetzt sagen: Der Autor ist die Botschaft. Deshalb ist auch die Veröffentlichung der Person des Autors von Jahr zu Jahr wichtiger geworden. Die Autoren der Neuesten Stimmung kann man kennen, fast ohne ihre Werke zu lesen. Peter Handke wurde an einem Tag berühmt, als er die »Gruppe 47« während einer Tagung der »Gruppe 47« in Princeton beschimpfte.

Anläßlich der Uraufführung eines Handke-Stücks konnten eine Million *Spiegel*-Leser lesen, daß der Autor scheu sei, daß er die Öffentlichkeit scheue und deshalb während der Uraufführung in Paris Metro fahre. Traditionsbefangene Kritiker, die für diese Publikationsform noch keinen Sinn haben, wundern sich darüber, daß dieser doch schwierige und geradezu im alten Sinne avantgardehafte Schriftsteller so schnell berühmt geworden sei. Reinhard Baumgart ließ sich geradezu zur warnenden Beschwörung hinreißen angesichts der scheinbaren Unvereinbarkeit von feinem Werk und breitem Echo.

Der Autor ist die Botschaft und die wird durch die Massenmedien zu einer andauernden Folge von Nachrichten. Natürlich müssen diese Nachrichten einen hohen Besonderheitsgrad haben, um nicht unterzugehen. Es dürfen nicht einfach Meinungen sein, wie sie myriadenhaft verbreitet werden. Wenn etwa von Günter Grass gemeldet wird, wie er über das Geschäft denkt, das die CDU mit den Ressentiments der ehemaligen Flüchtlinge im Wahljahr macht, dann ist das nicht der Autor als Botschaft, sondern eine politische Meinung von Günter Grass. Das ist die alte Stimmung des engagierten Autors. Die Neueste Stimmung artikuliert sich, wenn Rolf D. Brinkmann einem Kritiker gegenüber nach einem Maschinengewehr ruft. Das ist der Autor als Botschaft. Oder: Peter Handke notierte nach einem Kinobesuch über Kinobesucher, die ihn beim Betrachten eines Western offenbar gestört hatten: »Mein Wunsch: daß man sie zusammentun würde, die linke Scheiße und die rechte Scheiße, die liberale Scheiße dazu, und eine Bombe drauf schmeißen.« Bei diesem Satz fällt mir am meisten auf: »daß man sie zusammentun würde«. Das ist keine Meinung. Das ist Botschaft. Das wurde zu einer Nachricht, die heute noch Energien entbindet. Oder: In einer Kritik des Berliner Filmfestivals schrieb Handke: »Ich muß freilich sagen, daß mich, wenn ich solche Sätze lese, sekundenlang eine kalte Amoklaufwut befällt.« Von John Cage gibt es die Sätze: »Viele schmutzige Hände haben mit Schönheit gespielt und sie auf ihre Fahne geschrieben. Am liebsten möchte ich diese Hände abhacken, denn ich glaube wirklich an diese Fahne.« Oder: »Es ist besser brutal zu sein als gleichgültig. Manche Künstler ziehen den Bewußtseinsstrom vor. Ich nicht. Ich würde lieber die Leute zusammenschlagen.« In der von R. D. Brinkmann und von R. R. Rygulla herausgegebenen Anthologie *Acid*, in der wir zum ersten Mal gründlich mit der »Neuen amerikanischen Szene« bekannt gemacht werden, wird im Großformat ein nüchternes Hitlerfoto publiziert, darüber groß die Überschrift: »Welcome back.« R. D. Brinkmann schreibt im Nachwort zu dieser Anthologie: »(...) aber zugleich tritt auch noch viel zu wenig Gewalt auf, haben viel zu wenige die verinnerlichte Scheu vor Gewalt in den USA (wie hier) abgestreift.«

Das alles sind weniger Meinungen als persönliche Botschaften, aber das sind auch Reaktionen auf die gesellschaftliche Szene, die diese Autoren vorfanden. Autoren sind, glaube ich, immer exemplarische Produkte ihrer Gesellschaften. Nur deswegen sind ihre Reaktionen interessant. Diese fast abstrakte oder absolute, auf jeden Fall überhaupt nicht inhaltlich motivierte Verherrlichung der Gewalt wirkt jeweils wie ein bloßer Temperamentsausbruch, wie eine Metapher für Emotion. Sozusagen nicht ernst zu nehmen. Tatsächlich wird keiner dieser Autoren je Hände abhacken oder »Linke« und »Rechte« »zusammentun« und eine Bombe draufwerfen. Sie formulieren sowas nur recht sorgfältig und geben dadurch ihrer Isolation in der Gesellschaft Ausdruck. Und zwar unwillkürlich. Jeder ist ganz für sich, jeder hat nichts als sich, jeder ist des anderen Antagonist, Konkurrent, Feind; das sind ihre ersten Erfahrungen. Diesem gesamtgesellschaftlichen Zustand geben sie exemplarisch Ausdruck. Die Verwilderung oder Asozialität nimmt zu, je mehr so ein Autor es sich leisten kann, auf nichts als auf sich selbst gestellt zu existieren.

R. D. Brinkmann spricht in seiner Charakterisierung der amerikanischen Gesellschaft, auf die die jungen Autoren reagieren, von »der miesen, abgerichteten breiten Mittelschicht, der Unterstützung des blöden, beschissenen mickrig-bösen Durchschnittsamerikaners«. Auch das ist narzißtische Gestik. Böse zum Selbstgenuß. Von diesem Gegenbild will man sich befreien und reproduziert doch selber die Antagonismen, die zum Wesen der verachteten Gesellschaft gehören. Genau so wie etwa Godard – das hat Carlo Schellemann festgestellt – auf die Gewalttätigkeit der Bourgeoisie nicht anders als durch Wiederholung dieser Gewalttätigkeit in hochfeinen Bild-Sequenzen antworten kann. Über den Ekel kommt da keiner hinaus. Leslie A. Fiedler vermag gerade noch die mit dem Western-Muster verbundene Glorifizierung der Gewalt aktuell umzufunktionieren, sie soll jetzt »gegen die Weißen« gerichtet sein, »verherrlicht« werden soll die Gewalt der Guerilleros, Ché Guevaras oder die der Nordvietnamesen. Aber die ganze Stimmung läßt fast vermuten, daß Ché Guevara und die Nordvietnamesen erst zu Gunst kamen, als sie Gewalt anwendeten. Wie ja auch die bürgerliche Presse von der südvietnamesischen Befreiungsfront erst seit der militärisch so eindrucksvollen Tet-Offensive seriös Notiz nimmt.

Viel auffälliger und hoffentlich zukunftsreicher als diese regressive Gereiztheit ist in der Neuesten Stimmung der Ton für Liebe. Der ist im Hippie längst Figur geworden. Amerika und die europäische Imitation Amerikas hatten unter der Diktatur der Bedürfnisweckung und Produktalterung eine immer unmenschlicher werdende Polarisierung der Geschlechter betrieben. Da wurden Unterschiede spezialisiert und sekundäre Merkmale idolisiert, Standards empfohlen, die dazu geeignet waren, ganze Kontinente in nichts als Neurosen gefangen und beherrschbar zu halten. Der Selbstmord Marilyn Monroes wurde in Hollywood produziert. Die der Monroe entsprechenden Männer verfallen jetzt dem Gelächter. Der nur der Unterdrückung dienende Kult des Unterschieds wird aufgehoben in einer längst fälligen Veröffentlichung der Ähnlichkeit, der Gleichheit. Marshall McLuhan/George B. Leonard: »Beide Geschlechter tendieren heute zu einer gemeinsamen Menschlichkeit.«

Ich glaube allerdings nicht an die Stabilität dieses Aufbruchs, wenn er sich nur als Außenseitertum und Selbstbefreiung manifestiert. Wenn ich lese, wie diese Autoren der Neuesten Stimmung ihre Errungenschaften gesellschaftlich behaupten wollen, friert es mich. Dafür ein paar Beispiele: Jonas Mekas (macht und kritisiert Filme): »Die ›Rechte‹ und die ›Linke‹ wollen mit ihrem ›Engagement‹ *die Welt verändern.* Seit die Welt besteht, haben sie sie verändert. Und – 'nen erstklassigen Mist haben sie daraus gemacht. Das ›Engagement‹ des nutzlosen Künstlers besteht darin, sich der Welt zu öffnen. Anstatt daß er versucht, die Welt zu verändern, läßt er sich von der Welt verändern. So demütig und blödsinnig ist seine Einstellung zu sich selbst.« »Die wirkliche Arbeit, zuerst an deinem Selbst (...)«.

So klingt es aus vielen Aufsätzen und ekstatischen Bekundungen, mit regelmäßigen Anrufungen Krishnamurtis, Bodhisattvas und anderer Heiliger der schönen und reinen Innerlichkeit. Hier überrascht Hermann Hesse überhaupt nicht. Indischer und schwäbischer Weg nach innen werden *eine* Straße zur Erleuchtung. Und natürlich klingt das momentan viel besser als der gesellschaftskritische Cant, der bei uns selbst den ärgsten Ministern leicht vom Munde geht. Das ist eine Reaktion auf linke und rechte Heuchelei. Nur: diese Heuchelei hat es offenbar geschafft, Identifikation überhaupt verdächtig erscheinen zu lassen. Jeder wird zurückgeworfen auf sich selbst. Eine geradezu pietistische Anforderung stellt jeder an sich selbst, und so wird er sich in einer Reihe von Revolten und Reinigungen erschöpfen, ohne dem, wogegen er revoltiert, gefährlich geworden zu sein. Man muß nur sehen, welche Möglichkeiten die Neueste Stimmung öffnet, wenn einer über sich hinauskommen will: wie also können die persönlichen Revolten gesellschaftlich relevant werden?

Tuli Kupferberg, ein Programmatiker und Dichter der Neuesten Stimmung, stellt fest, daß die Revolution schon stattgefunden hat, er zählt auf die sexuelle, die elektronische, die künstlerische, die psychedelische. Die ökonomische Revolution ist für ihn offenbar etwas, was in der elektronischen Revolution schon erledigt wurde. Dann zählt er auf, was die »Vollendung« dieser Revolutionen noch behindert; bei der sexuellen Revolution sind das »die meisten Leute über 40«. Bei der elektronischen rät er, die USA sollten die »unvernünftige und die Kriegsproduktion« aufgeben und jeder Amerikaner könnte »sofort für ein paar Stunden Arbeit in der Woche einen unglaublich hohen Lebensstandard erlangen. In 5 bis 10 Jahren könnte dieser Standard an jeden Punkt der Erde exportiert werden.«

»Wir müssen eindrucksvoll die (wirtschaftliche) Bruderschaft aller Menschen demonstrieren.« Er schlägt auch vor, wie der amerikanische Überfluß auf die Welt verteilt werden soll. Und er verlangt: »Solche ›utopischen‹ Lösungen müssen ernst genommen werden.«

Man geniert sich fast, dem zu widersprechen. Aber man fragt sich auch, wie jemand nach der täglich zu machenden Erfahrung sich noch in solche Vorschläge flüchten kann. Warum diese Verteiler- und Weihnachts-Philanthropie? Warum macht er nicht den Vorschlag, daß die Arbeitenden sich ihre Produktionsmittel aneignen sollen? Warum sagt er, die USA sollten wohltätig die Hälfte ihrer Kriegsausgaben China und ein Viertel anderen Nationen spenden, anstatt zu sagen, die USA sollten aufhören, die Länder der Dritten Welt, voran die Länder Südamerikas, auszubeuten. Er denkt, glaube ich, psychedelisch. Seine »Vierte Revolution«, die psychedelische, ist ja auch schon geglückt. Sie schuf schon, sagt er, neue Welten. Bei uns möchte man von einer Revolution immer noch eine

Änderung der Machtverhältnisse erwarten. In der total kapitalistischen Gesellschaft der USA gilt als Revolution offenbar schon eine Änderung der Konsumgewohnheiten. Frank Zappa sagt, die Jugend »kontrolliert tatsächlich das Land. Vom ökonomischen Gesichtspunkt aus.« Wie das? möchte man fragen, und erfährt: »Sie (die Jungen) sind die wichtigste Konsumentengruppe, Automobile werden so entworfen, daß der junge Mann in der Familie dem Alten klar macht: ›Das is'n klasse Schlitten, Daddy‹«. Aber Zappa sagt auch: »(...) man muß denen mal klar machen, was das heißt.« Ich fürchte, selbst das hieße nicht viel. Der Tatbestand dürfte so einfach sein: die Industrie verkauft Jungsein als Image für jedes mögliche Produkt, weil die meisten gerne jünger wären als sie sind.

Zweifellos wissen die wirklich Jungen sehr genau, daß ihr Lebensalter zum Sales-Promotion-Faktor Nr. 1 gemacht wurde, aber dafür können sie sich nichts kaufen. Sie sehen sich vielmehr darauf angewiesen, ihr Heil in der Verweigerung, ihre Befreiung auf dem Weg nach innen zu suchen. Vor allem mit Hilfe von Drogen und Musik. Die der vorhandenen Gesellschaft mit so viel Grund verweigerte Identifikation wird in der kleinen Gruppe realisiert, allerdings vermittelt durch Droge und Musik. Der gemeinsame trip, die gemeinsame Reise nach Innen, die »tiefe Sehnsucht nach dem Stamm« (Fiedler). Der Lyriker Chester Anderson sagt, »Rock-Prinzipien sind nicht auf Musik beschränkt«. »Rock ist ein Stammes-Phänomen, immun gegenüber Definitionen und anderen typographisch ausgerichteten Operationen, und das macht das aus, was man den Zauber des 20. Jahrhunderts nennen könnte.« »Ein Arrangeur/Komponist, der all dies wüßte, (...) könnte den Körper eines Zuhörers wie eine geschmeidige Gitarre spielen.« »Und es gibt keinen Abwehrmechanismus. Außer der Flucht.« Peter Stafford, in seinem Aufsatz *Rausch, Rock und Revolution:* »Meine These ist, daß die psychedelischen Drogen eine gesellschaftliche Bedeutung ersten Ranges haben, und daß sie auf die Dauer (und damit meine ich, in nicht mehr als fünf bis zehn Jahren) die gegenwärtigen politischen Realitäten völlig verwandeln werden.« Stafford sieht die linke und die psychedelische Bewegung als Verbündete. Er gibt dann ein Beispiel, das die gesellschaftliche Relevanz der Droge beweisen soll. Ein Badewannen-Fabrikant nimmt LSD. Da fast jeder, der die Droge nehme, sich »irgendwann während seiner Rauschperiode seinen eigenen Angelegenheiten« zuwende, garantiert Stafford, daß auch diesem Fabrikanten »etwas Neues« einfallen werde und, schließt er, »wir können ziemlich sicher sein, daß wir in verhältnismäßig kurzer Zeit die Erkenntnisse, die unser Mann während seines trips gewonnen hat, in unseren Badezimmern finden werden«. Die Veränderung, die dieser Fabrikant durch den trip erfuhr, ist also lediglich der Art, daß er seinen Designer-Stab verkleinern kann. Ob man das eine Veränderung nennen soll? Auch noch eine von »gesellschaftlicher Bedeutung«? Mir scheint, als reagierten hier die Enkel der Kapitalismus-Protestanten sehr systemkonform. Einmal hat der Protestantismus den Kapitalismus ermöglicht, jetzt ermöglicht der Kapitalismus den neuen Protestantismus. Zuerst waren die äußeren kapitalistischen Werke die Rechtfertigung des innerlich Gläubigen, der sichtbare und genießbare Segen Gottes. In der nächsten Stufe der Entwicklung verselbständigte sich der Werk-Kapitalismus, säkularisierte sich brutal als Politik, die sich ihre Rechtfertigung durch das Bekenntnis zu einem nicht einmal im eigenen Land praktizierten Demokratie-Modell verschaffte. Der Kontrast zwischen Anspruch und Wirklichkeit ist spätestens seit Vietnam unerträglich geworden. Also produziert das System eine Er-

träglichmachung des Unerträglichen durch eine neue Stufe der Verinnerlichung: jeder fange bei sich selber an, dann wird die Welt sich schon ändern; nicht mehr scheinheilig Gesellschaftskritik üben, sondern sich selber ändern. Und das mit Drogen plus Musik. Psychedelisch.
Wenn jeder so durch Distanzierung und Abwendung seine Rechtfertigung in der neuen Innerlichkeit erwirbt, dann ist die gesellschaftliche Praxis, die diesen psychedelischen trip mit Drogen und Musikproduktion unterstützt, ungestört sich selbst überlassen und durch ihre Toleranz sogar auch noch gerechtfertigt. »Bewußtseinsmusik« nennt Chester Anderson den Rock. Viele psychedelischen Zeugen sprechen vom »religiösen Kern« ihrer Bewegung. Fiedler nennt sie »die neuen Irrationalisten«, »heilige Friedensstörer«, Leonhard Cohen nennt sie »die neuen Juden«. Der eminent deutsche Verfechter dieser Tonart, R. D. Brinkmann, liefert als Kirchenväter Gottfried Benn und L. F. Céline ins psychedelische Haus. Angeregt von neuen Einsichten über Geisteskrankheit sagt er: »Also müssen wir davon ausgehen, daß der Wahn zunimmt, völlig legitim.« Er schwärmt von den »Kosmonauten des Innern«. »Die Bewegung geht nach innen«, schreibt er, »– und zwar konkret. Es ist ein Einbruch in psychische Bereiche des Menschen, in die vorzudringen vorher in dem Maß nicht möglich war.«
Ich gebe zu, ich habe meine Zweifel an der Möglichkeit, dieses Innere lust- und sinnvoll zu erschließen. Ich habe bisher fast nur die positive Inbrunst dieser Neuesten Stimmung zitiert. Unüberhörbar ist aber der viel grellere Schrei nach mehr Lust. Die Reise nach Innen soll nicht nur für mangelnde Identifikation entschädigen. Sie soll Lust bringen, viel viel mehr Lust. Fiedler über Literatur: »Wir verlangen heute nach Fellatio, nach Perversion, nach Geißelung, um sicher zu gehen, daß wir es mit Pornogra-

phie und nicht mit irgend einer albernen Liebesgeschichte zu tun haben.«

Das was Fiedler in bürgerlichem Sprachgebrauch als Perversion ersehnt, ist ein Ausdruck für den herrschenden Mangel an Befriedigung. Aber es ist doch wieder einigermaßen fromm, und bürgerlich irrational, die Befreiung von diesem Mangel in einer Erweiterung der »perversen« Praxis zu suchen.

Je größer die umständliche Veranstaltung zur Befriedigung, desto größer die Erwartung, desto kleiner dann die Befriedigung. Das ist nach unserer neurologischen und physiologischen Kapazität vorerst kaum anders zu machen. Und am »physiologischen Schwachsinn« leiden nicht nur die Frauen.

Aber da ich zu den »meisten Leuten über 40« gehöre, kann ich da nicht mitreden. Der Abbau der Geschlechterspannung, die wirkliche Koexistenz der Geschlechter, ja ihre tendenzielle Aufhebung, das scheint mir ein zukünftiges Lustprinzip, weil es ein Prinzip der Vergesellschaftung ist. Alles, was einer nur isoliert oder nur in Minderheiten betreiben kann, macht ihn unglücklich. Ich sage das nicht im Aberglauben, ich könne dadurch die Propheten der Neuesten Stimmung widerlegen.

»Rock ist ein Stammes-Phänomen, immun gegenüber Definitionen und anderen typographischen Operationen.« Und Leslie A. Fiedler hat für mich und meinesgleichen schon als historischer Platzanweiser gesorgt: »Die Marxisten verteidigen die letzten Bastionen des Rationalismus und der Vormachtstellung des Politisch-Faktischen; sie sind daher die natürlichen Feinde des Mythischen und der Leidenschaften, der Phantasie und eines veränderten Bewußtseins.«

Ich weiß, glaube ich, daß man in solchen Fragen nicht recht haben kann. Ich sage mir die lautesten Töne dieser

Neuen Stimmung auch nur vor, um vielleicht darauf zu kommen, woher sie stammen, ob ich mir davon, ob sich gar unsere Gesellschaft etwas davon versprechen kann. Noch ist nicht gezeigt, wie einer, der vom trip zurückkommt, etwas mitbringen kann, was ihm hier hilft. Es sei denn: Erinnerung. Und: Sehnsucht nach dem nächsten trip. Trotzdem wird es wahrscheinlich nicht einmal einem Neurologen gelingen, R. D. Brinkmann zu beweisen, daß er durch Wahn sein Bewußtsein kaum erweitern kann. Das wird letzten Endes einfach davon abhängen, was man unter Bewußtsein versteht. Vermutenswert scheint mir aber zu sein, daß die gesellschaftlichen Veränderungen durch psychedelische Revolution geringer sein werden, als ihre Propheten glauben. Schon stellt Fiedler fest, man begegne in ungezwungen konservativen Kreisen auch noch den »obszönsten Ausschweifungen der Jungen mit geradezu entmutigender Toleranz«. Und ein wirklicher Meisterpraktiker der Neuesten Stimmung, Frank Zappa, sagt: »Unter denen, die ich in diesem Underground getroffen habe, fand ich nur sehr wenige Leute, die wirklich bereit waren, irgend etwas zu tun.« Ein namenloser Hippie: »Die Hippiebewegung ist positiv. Langsam beginnen die Leute das zu erkennen. Die Politiker haben das erkannt – zwar kommt der Bürgermeister nicht grade raus und sagt es – aber die Hippies halten die Straßen sauber.« Bezeichnend genug ist, daß die Farbigen in den USA sich völlig von dieser Szene fernhalten. Sie, die wirklich Befreiung brauchen, können sie sich offenbar nicht auf psychedelischem Weg verschaffen. Jener Hippie sagte noch zu allem Überfluß: »Es gibt eine unglaubliche Ähnlichkeit zwischen dem Paris um 1890 und dem Francisco von heute.«

Die Produzenten der Neuesten Stimmung können natürlich sagen: ihr sogenannten gesellschaftskritischen Schrift-

steller habt nichts geändert, nicht einmal euch selbst. Wir ändern wenigstens uns selbst, und dann wird sich vielleicht doch noch etwas ändern. Sie verzichten also auf diese bei uns immer noch gehandelte Rechtfertigung des Schriftstellers, der auf großem Parkett andauernd sein gesellschaftskritisches Ritual aufführt. Sie haben ja gesehen, in welchen Umarmungen das endet. Ich dagegen muß Grass einfach wieder bewundern, wenn er auf seine SPD-Tour geht; bewundern nicht wegen des Bekenntnisses zum SPD-Inhalt, sondern wegen seiner Fähigkeit, eine praktische Konsequenz zu ziehen; für die Virtuosen der Tour nach innen ist Grass wahrscheinlich gerade durch seine Praxis völlig korrumpiert; diese geradezu rücksichtslose Verbindlichkeit eines Schriftstellers ist ihnen ein schmieriger Greuel. Aber jeder von uns – hoffe ich – wird dann doch lieber in einem SPD- als in einem CDU-Staat wohnen. Ein weiter reichendes politisches Bedürfnis läßt sich kaum feststellen. Ja, da ist noch Peter O. Chotjewitz, der sagt, es sei vom »Stand eines guten Teils der heutigen Literatur her gesehen widersprüchlich, wenn ein Schriftsteller nicht Sozialist ist (. . .)«
Diesen Widerspruch halten aber die meisten zur Zeit leicht aus. Sozialismus, das ist ihnen einfach zu blöde. Auch zu korrumpiert. Sie wollen sich nicht mehr einlassen. Peter Handke hat diese Position in seinem beliebten *Kaspar* durchexerziert. Einer geht in die Falle, weil er von anderen sprechen lernt. Egal, wer ihm was einsagt. Er braucht zwar Wörter, aber wenn er sie lernt, geht er in die Falle. So süß und hell hat sich der Narzißmus seit langem nicht mehr gegeben. Daß es nicht egal ist, bei wem man sprechen lernt, ist dem Kaspar egal. Seine Einsager sind Maschinen, wichtig sind nur die durch sie angebotenen Allerwelt-Sätze. Diese Sätze zeigen, daß es für jeden Ankömmling immer schon Sätze gibt, Meinungen gibt. Nicht

was für Sätze es gibt und was für Meinungen, ist für Kaspar schmerzhaft, sondern daß es schon Sätze und Meinungen gibt. Natürlich läßt sich dieser Sündenfall-Prozeß, diese ontologische Turnstunde auch als Werktagsparabel mißverstehen; und das haben die Kritiker nur zu gerne befördert. Selbst der Springer-Konzern muß daran interessiert sein, daß so allgemein von ihm geredet wird. Das wiederum ist nicht Peter Handkes Schuld, sondern die der Kritiker. Handke meint es absolut. Er bildet nicht Welt ab, sondern den Schmerz, den auch schon die geringste Identifikationsbewegung ihm bereitet: die Identifikation mit vorhandenen Wörtern und mit dem vorhandenen Gebrauch von Wörtern. Das tut weh. Er wäre am liebsten nur mit sich selbst identisch. Also stumm. Jetzt schreibt er und wird schreiben vom Schmerz und vom Ekel und von der Widerwärtigkeit, die er erleidet, weil er nicht der war, der die Chance hatte, als Allererster Es-werde-Licht zu sagen. Dieser Schmerz macht begreiflich, warum er, schambesessen, alles abstößt, was er nicht selber hevorbringen kann. Und da für ihn alles schon da ist, entwikkelt er wenigstens eine Methode, eine Denk- und Schreibmethode, der er alles, was schon da ist, vorwerfen kann, dadurch wird es dann ein Eigenes. Diese Methode ist eine noch unreflektierte Mischung aus Wiener Positivismus *und* deutscher Phänomenologie, aus Wittgenstein *und* Heidegger, also aus zwei Denktraditionen, die einander, als sie noch beide im Schwange waren, eher ausschlossen als ergänzten, die aber eines doch gemeinsam haben: die weitgehende Vernachlässigung der Tatsache, daß der Mensch ein gesellschaftliches Wesen ist (das Heideggersche »man« ist ja eher ein mythologisches als ein soziologisches Datum).

Da die Abhängigkeit des eigenen Sprechens vom gesellschaftlichen Gebrauch nur als negative Möglichkeit, nur

als Tortur oder Verlust erlebt wird, da Strukturen bloß dargestellt werden, als seien sie ungeschichtlich und vom Himmel gefallen, versteht es sich, daß Handke selber kein Bedürfnis hat nach einer Identifikation, die über ihn selbst hinausreicht. Er schrieb: »Ein engagierter Autor kann ich nicht sein, weil ich keine politische Alternative weiß zu dem, was ist, hier und woanders (höchstens eine anarchistische).« Was heißt das: »zu dem, was ist«? Ist denn was ein für alle Mal? Das verändert sich doch andauernd und nimmt eine Richtung, und man selber hat gar keine Chance, sich etwa bewegungslos und nichtwissend zu stellen. Selbst wenn ich keine Rechtfertigung finde und schon gar keine anzubieten habe, selbst wenn meine Arbeit wieder und wieder die erwünschte Identifikation nicht liefert, kann ich dann wie ein Import-Buddha sitzen ohne Rechtfertigung und etwa davon absehen, daß ich auf jeden Fall identifiziert werde mit etwas, zum Beispiel mit einem gesellschaftlichen Zustand und einem System? Genügt es, sich aus methodischer Keuschheit nicht einzulassen mit dem Prozeß, der auf jeden Fall im Gange ist? Jeder Autor ist sein Gegenstand, das ist klar. Und er kann nur noch mit sich selber was anfangen. Und Mitteilungen machen nur noch von sich selbst. Aber er ist ja keine Puppe auf einer Nadelspitze, sondern ein Kreuzungspunkt und Produkt alles Gesellschaftlichen. Genügt es dann, daß er prima Objekte herstellt aus anderer Leute Konsumgegenständen, indem er sie aus der Ebene, in der sie unfrei konsumiert werden, transportiert zu Privilegierten, die sie beliebig genießen können?
Peter Hamm hat in seinem Aufsatz über Handke gezeigt, daß die Versatzstücke der Konsumwelt durch die literarische Verarbeitung ihre Trivialität einbüßen. Was die neuesten Midasse berühren, es wird ihnen zum lauteren Kunst-Gold. Das ist nur schlimm, wenn man meint, man

sei im Stande, originale Trivialität zu produzieren. Die hochvoltige Ambition des Dichters erschlägt jedes Trivialobjekt im Nu. Es geht diesen Dichtern kein bißchen anders als ihren altliterarischen Vorgängern, die ihre Liebesbeschwerden auch nur denaturiert und als schnöde Novelle ins Buch bringen konnten. Manche wollten das sogar. Bedenkenswert wäre aber die soziale Entfernung, die bei diesem Transport zurückgelegt wird. Die Entfernung, das ist der Unterschied zwischen denen, die jeden Westernkerl, jede Hitparade und jede Alpenschnulze unfrei konsumieren, und denen, die darin die Verdinglichung genießen. Aus diesem Unterschied ergibt sich, glaube ich, die »Alternative«, die man nicht »wissen« kann oder muß, da sie selbst nur als Entwicklung, als Prozeß existiert, als Prozeß zum Sozialismus. Handke sagt: »Ich kenne nur konkrete Einzelheiten, die ich anders wünsche, ich kann nichts *ganz* anderes, Abstraktes, nennen. Im übrigen interessiert es mich als Autor auch nicht so sehr. Methoden also.«

Warum gehört es nicht zu dieser Methode, ihre eigene Bedingtheit zu reflektieren? Wieso verabsolutiert er seine Scham und Keuschheit zu einem solchen Grad, daß er reagiert schon fast wie eine Instanz?

Als die Berliner SDS-Gruppe »Kultur und Revolution« in der *Zeit* ihren Aufsatz *Kunst als Ware der Bewußtseinsindustrie* veröffentlicht hatte, schrieb Handke in der *Zeit* unter der Überschrift *Totgeborene Sätze:*

»Ich habe den Aufsatz gelesen. Tags darauf rief ich Herrn Karasek, ein Mitglied der Wochenzeitung *Die Zeit* an:

›Wie geht es Ihnen?‹ fragte Herr Karasek.

›Danke gut‹, antwortete ich.

›Und wie geht es Ihnen?‹

›Mir geht es schlecht‹, sagte Herr Karasek,

›ich habe Zahnschmerzen.‹

Gesetzt den Fall, ich hätte Herrn Karasek auf seine Frage ›Wie geht es Ihnen?‹ geantwortet: ›Kunst wird von Menschen, genauer: von in Gesellschaft lebenden Individuen gemacht‹; hätte Herr Karasek auch dann sagen können: ›Mir geht es schlecht, ich habe Zahnschmerzen‹?
Die Berliner SDS-Gruppe ›Kultur und Revolution‹ hat einen Aufsatz geschrieben, hat Sätze aneinander gefügt. Mir ist jeder Satz, den ich gelesen habe, klar gewesen. Die Sätze sind mir nicht beim Lesen klar geworden, sie sind schon von vorneherein klar gewesen. So kam es dazu, daß die Sätze, weil sie mir klar waren, beim Lesen unklar wurden. Die Sätze, weil ich sie wiedererkannte, waren, als Sätze, klar, aber weil ich sie wiedererkannte, wurden sie mir unverständlich.
Die Sätze, nicht der *Sinn* der Sätze, erschienen mir selbstverständlich.«
Handke zitiert dann auch noch Wittgenstein als Waffe gegen die »totgeborenen« SDS-Sätze. R. D. Brinkmann, der auch unter solchen SDS-Sätzen zu leiden scheint, zitiert *seinen* liebsten Gewährsmann, Burroughs: »Wenn ich das Wort Stuhl sage, sehen Sie einen Stuhl. Wenn ich Die Gleichzeitigkeit von gesellschaftlicher Trägheit und ambivalentem Schmutz unerkannten totalitären Herrschaftssystems sage, sehen Sie nichts. Es ist die bloße Abfassung von Wörtern, um die Leser auf Wörter reagieren zu lassen. Die so Abgerichteten werden vorhersehbar auf Wörter reagieren. Die so beschaffene Abrichtung ist undurchlässig für Tatsachen.« Brinkmann folgert wie Handke: »Erklärt das nicht die Unverbindlichkeit revolutionären Geredes?«
Da Handkes Gewährsmann Wittgenstein heißt und nicht Borroughs, hätte man von ihm erwarten dürfen, daß er sich an den VI. Abschnitt in den *Philosophischen Bemerkungen* erinnerte, der hervorragend dazu getaugt

hätte, Handkes Schwierigkeit mit den totgeborenen SDS-Sätzen zu untersuchen. Dieser Abschnitt beginnt: »Eine der am meisten irreführenden Darstellungsweisen unserer Sprache ist der Gebrauch des Wortes ›ich‹, besonders dort, wo sie damit das unmittelbare Erlebnis darstellt wie in ›Ich sehe einen roten Fleck‹.« (Handke fetischisierte sofort den Satz: »Ich habe Zahnschmerzen«, ebenso wie Brinkmann sich faszinieren läßt von der Scheintatsächlichkeit des Satzes: »Wenn ich das Wort Stuhl sage, sehen Sie einen Stuhl.«) Wittgenstein schlägt als lehrreich vor, in der Darstellung des »unmittelbaren Erlebnisses« das persönliche Fürwort zu ersetzen, weil man daraus ersehen könne, daß »jene Darstellung den Tatsachen nicht wesentlich« sei.

Er sagt – und das ist für Handkes Zahnschmerzen-Beispiel durchaus ergiebig: »Man könnte folgende Darstellung adoptieren: Wenn ich, L. W., Zahnschmerzen habe, so wird das durch den Satz ›Es gibt Zahnschmerzen‹ ausgedrückt.«

Wittgenstein will nachweisen, daß eine Sprache, die »jeden Beliebigen als Zentrum haben« kann, gleichwertig ist mit der durch ›ich‹ ausgezeichneten Sprache. »Nur die Anwendung unterscheidet wirklich zwischen den Sprachen; aber von ihr abgesehen, sind alle Sprachen gleichwertig.« Er kommt zu dem Schluß: »Das Phänomen des Schmerzgefühls in einem Zahn, welches ich kenne, ist in der Ausdrucksweise der gewöhnlichen Sprache dargestellt ›ich habe in dem und dem Zahn Schmerzen‹. Nicht durch einen Ausdruck von der Art ›an diesem Ort ist ein Schmerzgefühl‹. Das *ganze* Feld dieser Erfahrung wird in dieser Sprache durch Ausdrücke von der Form ›ich habe ...‹ beschrieben. Die Sätze von der Form ›N hat Zahnschmerzen‹, sind für ein ganz anderes Feld reserviert. Wir können daher nicht überrascht sein, wenn in den Sätzen

›M hat Zahnschmerzen‹ nichts mehr auf jene Art mit der Erfahrung Zusammenhängendes gefunden wird.«
Und damit ist doch wohl schon jene Sprache bezeichnet, die für Peter Handke aus »totgeborenen« Sätzen besteht, denen er Sätze seiner Frau oder Telephonsätze Karaseks geradezu exorzistisch gegenüberstellt, weil er in den SDS-Sätzen nichts »mit der Erfahrung Zusammenhängendes« findet.
Und als hätte Wittgenstein seine Zahnweh-Darstellung nur für Handkes Telephon-Zahnweh-Beispiel geschrieben, fährt er genau an dieser Stelle fort: »Die Philosophen, die glauben, daß man im Denken die Erfahrung ausdehnen kann, sollten daran denken, daß man durchs Telephon die Rede, aber nicht die Masern übertragen kann.«
Ich gestatte mir, das so zu verstehen, daß, nachdem alle Sprachen gleichwertig sind, es nicht möglich ist, einer aus Erfahrung resultierenden Sprache eine »Sonderstellung« (Wittgenstein) einzuräumen und von ihr aus und mit ihrer Hilfe Schlüsse zu ziehen auf einen Erfahrungsbereich, der über den ihr zugrundeliegenden Erfahrungsbereich hinausgeht. Handke oder sonst jemand kann »im Denken« seinen Erfahrungsbereich nicht ausdehnen, und er kann durch Telephonieren wohl seine eigene Sprache, nicht aber die des SDS übertragen, deshalb sollte er nicht darüber erschrecken, daß er, falls er SDS-Sätze in den Hörer gesagt hätte, nichts von Karaseks Zahnweh erfahren hätte. Später nennt Handke die »totgeborenen« SDS-Sätze »schamlos«. Und er zitiert Godard: »Dieses Gefühl der Scham, wenn ich einen Aufruf unterschreiben soll.« Diese Scham rührt doch wohl daher, daß Intellektuelle ihrer eigenen Ausdrucksweise eine solche »Sonderstellung« einräumen; sie müssen sich schämen, wenn sie einer Ausdrucksweise zustimmen, die »jeden Beliebigen zum Zentrum haben kann« (Wittgenstein). Das ist um so erstaunlicher, als etwa der SDS-Sprachgebrauch an positiver Trivialität

nicht hinter den sonst so beliebten Kino- und Hitparaden-Trivialitäten zurückbleibt. Aber die Trivialität der SDS-Genossen impliziert Praxis, während die Kino-Trivialität lediglich den Genießer fordert. Die stilistische Trivialität des sozialistischen Manuskripts entsteht dadurch, daß es Gebrauchsanweisung ist. Es trachtet geradezu danach, »jeden Beliebigen zum Zentrum (zu) haben«. Die Kinotrivialität verschafft dem raffinierten Betrachter ein süß elitäres Gefühl und eine Entspannung, eine Freizeitsensation. Das sozialistische Manuskript verlangt Verzicht auf die Verabsolutierung einer persönlichen Methode.

Zu welcher Klasse gehören Schriftsteller in unserer Gesellschaft? Die herrschende Klasse macht eine Ausnahme mit dem Schriftsteller. Er ist immer noch nicht ganz von dieser Welt. Er kann es laut und deutlich sagen, daß er keine Stimmen höre und Phantasie für einen Schwindel halte, er kann auf seine Methode pochen, man ist von seinem Widerspruch entzückt; dieser Mechanismus ist bekannt. Die Folgenlosigkeit, mit der einer nach dem anderen eingeht in nichts als Literatur-Geschichte, ist nicht gerade kalkuliert, aber sie ist eine unabweisbare Erfahrung, die die jeweils Herrschenden bei ihrem Umgang mit Schriftstellern nachsichtig stimmt.

Wir sind Freizeitgestalter in spätkapitalistischen Gesellschaften. Wir stellen Produkte zur Verfügung, mit denen andere, fast immer Lohnabhängige, ihre freie Zeit vertreiben. Manche von uns vertreiben Hunderttausenden die freie Zeit. Wir können uns dieser Funktion nicht willkürlich anpassen. Wir sind angepaßt, sonst wären wir unbrauchbar und könnten von dieser Arbeit nicht leben. Wir sind zwar keine Produktionsmittelbesitzer, aber wir werden subventioniert. Unsere Angepaßtheit, unsere Abhängigkeit und die Funktion, die wir erfüllen, sollten reflektiert als Bewußtsein in unseren Produkten auftreten, sonst sind unsere Produkte blind und nur geeignet, andere in Blindheit zu erhalten. Bedingungen sind ein Thema für jede Methode. Und Bedingungen von Methoden sind ein Thema für jede Methode. Jede Methode hat eben nicht nur einen persönlichen Macher, sondern einen gesellschaftlichen Kontext. Über den darf sich auch der Macher nicht ohne Verlust hinwegtäuschen lassen. Zum Beispiel, indem er seine politische Bedürfnislosigkeit formuliert, als lausche er sich gerade ein Naturgesetz ab. Es muß Gründe geben für solche Bedürfnislosigkeit in einer Zeit, in der die den Bedürfnislosen tragende und nährende Gesellschaft sich zu einer Disziplinierungskampagne gegen eine ganze Generation mobilisiert. Es muß Gründe haben, daß einer die Zunahme des Wahns legitimieren möchte. Daß einer keine Alternative weiß, geschenkt. Aber daß es ihm egal ist, daß er keine weiß, das sollte ihm, glaube ich, nicht egal sein. Einer so rätselhaft ausgeruhten Pythia gegenüber nimmt man so einen geradezu moralischen Satz nicht gern in den Mund. Ich richte ihn deshalb ausdrücklich an mich und gegen mich selbst. Schriftlich. Allzu schriftlich. Also viel zu anspruchslos.

Ich vermute, Brinkmann legitimiere den Wahn nicht aus faschistischer Tradition und in faschistischer Absicht. Ich bin ziemlich sicher, daß Fiedler den Faschismus verabscheut. Aber ich halte es für möglich, daß in diesen Neuesten Stimmungen die Bewußtseinspräparate für die neueste Form des Faschismus hergestellt werden. Nicht willkürlich. Die Hersteller dieser Stimmungen reproduzieren ein persönliches Unglück, das aus ihrer gesellschaftlichen Tradition entsteht. Sie suchen nach Befreiung durch Bewußtseinserweiterung »nach innen«. Sie sind besonders fortgeschrittene Produkte einer spätkapitalistischen Ge-

sellschaft amerikanischer Spielart. Sie zeigen, wo dieser Prozeß hin will: zu einer Gesellschaft, in der jeder seine eigene Befreiung auf dem Weg nach innen sucht, mit Hilfe von Drogen, mit Hilfe einer Literatur, die sich auf Mythen und verfälschte Trivialitäten kapriziert, oder auch mit Hilfe einer Literatur, die als Droge die chemische Droge begleitet. Befreiung des Menschen von der Gesellschaft, in der irrsinnig hoffnungslosen Hoffnung, daß da in uns neuro-physiologische Kapazitäten schlummern, die uns für alles gesellschaftliche Ärgernis entschädigen. Eine solche Gesellschaft ist nicht schwer zu haben. In ihr stirbt mit jedem Ausflug ins Innere eine demokratische Möglichkeit ab und die Möglichkeit zum Gegenteil – und das heißt Faschismus – nimmt zu. Jeder lutscht dann an seinem Mythos und hält sich seine Freizeit lang im Inneren auf. Die übrige Zeit steht er zur Verfügung. Ich will das nicht ausmalen. Es handelt sich ja nicht um eine bloße Utopie. Die Bewirtschaftung der amerikanischen Freizeit zeigt erste Züge dieser Praxis. Noch stören manchmal Schwarze und Studenten. Und sie tun es, weil sie Widersprüche vorfinden, von denen sie sich nicht durch Rückzug ins persönliche Innere erlösen können; da sie Befreiung nicht nur für sich, sondern für die Gesellschaft anstreben, lernen sie bei jenen Marxisten, die nach Fiedler »die letzten Bastionen des Rationalismus« verteidigen. Sollten diese Bastion einmal gefallen sein, ist es vielleicht auch nicht mehr nötig und nicht mehr möglich, daß ein Schreiber die Gewaltverherrlichung freundlicherweise zugunsten seiner neuesten Indianer, der Nordvietnamesen, betreibt.
So kommt es mir vor. Noch spielt sich alles auf dem Papier ab. Und Mr. Fiedler habe ich als einen erstklassigen Clown und mitreißenden Zauberer kennengelernt. Handkes Reize sind sprichwörtlich. Brinkmanns Photogesicht

scheint nicht ohne Mühe so finster zu sein. Vielleicht sind wir alle bloß bürgerliche Literaten mit Spielneigungen. Aber in den zwanziger Jahren spielten die auch so um einander herum. Unser Kapitalismus war dann nicht mehr daran interessiert, die Demokratie zu retten, und die Literaten trennten sich noch einmal in eine innere und eine äußere Emigration, und diese Trennung entsprach fast der zwischen Verinnerlichung und Gesellschaftsbezogenheit.

Ich meine, diese Rückzüge von den Meinungen entsprechen objektiv einem gesellschaftlichen Zustand: die Schriftsteller sind in die Lage versetzt, sich nur noch um sich selbst zu kümmern. Sie können davon leben. Sie machen von dieser Möglichkeit Gebrauch. Sie haben den Anspruch auf die Wirklichkeit, der noch scheinhaft und vielleicht sogar noch wirksam bestand, ganz aufgegeben: sie liefern glänzende und mitreißende Beispiele der Anspruchslosigkeit. Schreiben, das war schon immer ein Beweis dafür, daß man den Zustand für nicht ganz unerträglich hielt, war also immer schon eine bescheidene Aussetzung am Zustand, auch wenn es eine erwartungsvolle Kritik enthielt. Jetzt ist das Schreiben dabei, sich auch dieses bescheidenen Anspruchs zu entledigen. Das ist keine von einzelnen verschuldete Verruchtheit, sondern die Reaktion der Schriftsteller auf die Lage der Schriftsteller in dieser Gesellschaft.
Diejenigen, die sich mit dem gesellschaftlichen Zustand noch nicht zufrieden geben können, erklären die Literatur deshalb für tot. Diese Metapher kommt eine Ewigkeit zu früh. Erst wenn die Gegenstände und ihre Namen in eins verschmelzen würden, wäre die Literatur tot. Solange aber dieser paradiesische Zustand nicht eingetreten ist, wird der Streit um die Gegenstände auch mit Hilfe von Wörtern bestritten werden.

Solange eine Gesellschaft bei ihren Mitgliedern tendenziell Unwissenheit über diese Gesellschaft erzeugt, die Verhältnisse noch von ihren falschen Namen leben, solange ist es schwer vorstellbar, daß Schriftsteller dauerhaft darüber hinweggetäuscht werden können, daß ihnen im Befreiungsprozeß dieser Gesellschaft Arbeit zukommt.

Unversehens, nicht ganz unversehens, aber unvermeidlich, fast unvermeidlich, bin ich wieder in den großen Ton verfallen, in den Ich-weiß-es-sicher-Ton. Den habe ich nicht erfunden; auch nicht direkt gelernt in irgendeiner schlechten Schule. Aber ich kann mir denken, woher ich ihn habe. Ich mußte immer recht haben, wenn ich etwas sagte. In der Schule mußte ich Aufsätze schreiben über etwas, was mich nicht interessierte. Ich lernte, Meinungen herzustellen über etwas, was mich nichts anging. Die Möglichkeit, über etwas keine Meinung zu haben, wurde mir nicht eröffnet. Jeder Schüler sucht in einer solchen Lage Zuflucht im großen rechthaberischen Ton. Hätten sich die Bedingungen nach der Schulzeit geändert, hätte ich diesen Ton wieder verlernt. Da sie sich eher noch verschärften, habe ich immer neue Töne des Rechthabens dazugelernt. Jetzt auch in der Darstellung von Fragen, die mir wichtig waren. Ich durfte nicht meine Schwierigkeiten enthüllen, die mir eine Frage bereitete, sondern mußte recht haben. Allmählich kommt es mir vor, als hinge meine Existenz davon ab, recht zu haben. Entweder oder. So trainiert man sich ein in eine Grammatik des Besserwissens, die sich reduziert auf den Modus des Indikativs. Von Mal zu Mal wird diese Übung peinlicher. Obwohl ich nicht der Meinung des Autors oder des Politikers XY bin, weiß ich nicht, ob ich ihm gegenüber recht habe. Aber sobald ich den Unterschied der Meinungen bemerke, stellt sich die Frage, wer recht hat. So will es das gesellschaftliche Klima. Von zwei verschiedenen Meinungen kann nur eine recht haben. Von zwei Konkurrenten bleibt im Laufe der Zeit nur einer übrig. Der Schwächere geht im Stärkeren auf. Ich hatte noch nie das Gefühl, ich hätte jemanden von meiner Meinung überzeugt. Als Ergebnis einer Diskussion stellt sich entweder der Eindruck ein, ich kann besser argumentieren als mein Partner, oder: er kann besser argumentieren als ich. Das heißt, die Argumentationsebene ist zu einer rein technischen Dimension geschrumpft. Da ich jetzt nur noch Meinungen darstelle, die für mich notwendig sind, kann ich sie nur selbst ändern. Ich kann sie mir nicht mehr von anderen ändern lassen. Daß andere dazu im Laufe der Zeit etwas beitragen, ist klar. Aber wenn mich einer sozusagen an einem Abend widerlegen könnte, so müßte ich ihn bitten, an meiner Stelle weiterzuleben. Oder er müßte mir mindestens zeigen, wie ich, von einer Stunde auf die andere, anstatt mit meinen jetzt mit seinen Meinungen weiterleben soll. Das klingt ein bißchen übertrieben. Andererseits wundere ich mich, warum wir nicht längst trübsinnig geworden sind durch unsere Diskussionen. Vielleicht finden Diskussionen nur dem Hirnstoffwechsel zuliebe statt.

Aber daß wir darauf angewiesen sind, in solchen Diskussionen recht zu haben, scheint mir auf die gesellschaftlich bedingte Interessenlage hinzuweisen. In dieser Gesellschaft wird jede Bewegung zu einer antagonistischen. Die Grammatik des Rechthabens wird in einer auf Konkurrenz und Leistungsprinzip gegründeten Gesellschaft am besten verstanden, sie ist am erfolgreichsten; da der Schriftsteller ganz zu der Klasse gehört, in der man Erfolg haben kann, also auch Erfolg haben muß, wird er besonders exemplarisch zum Rechthaben verführt. Er muß sich durchsetzen.

Die Meinungen konkurrieren nicht anders als die Waren.

Sie sind Waren. Eine Meinung setzt sich durch. Eine Zigarettenmarke setzt sich durch. Ein Buch setzt sich durch. Ein Waschmittel setzt sich durch. Immer gegen andere. Obwohl doch alle Waschmittelhersteller nur zusammenarbeiten müßten, damit alle, die selber keine Waschmittel herstellen können, eine hygienische Lebensweise bestreiten könnten. Aber es werden eben mehr Waschmittel hergestellt als gebraucht werden. Deshalb wird dem einzelnen seine Notwendigkeit von der Gesellschaft nicht mehr bescheinigt. Er muß sie sich selbst bescheinigen. Er muß sich durchsetzen. Er muß mit seiner Methode recht haben. Das Rechthaben ist seine Rechtfertigung. Der Nachweis für seine gesellschaftliche Brauchbarkeit oder gar Notwendigkeit. Bei den Meinungsproduzenten führt das rascher zu einem Ekel gegenüber ihrem Metier als bei den Waschmittelproduzenten. Bei dem Waschmittelproduzenten ist die Verdinglichung der eigenen Arbeitskraft von Anfang an eine unabweisbare Arbeitsbedingung. Die Meinungsproduzenten sträuben sich gegen diesen Prozeß. Sie machen sich am liebsten vor, daß die Erfüllung ihres eigenen Interesses auch ein öffentliches Interesse sei. Falls sie überhaupt ihr Verhältnis zum gesellschaftlichen Interesse reflektieren. Häufiger ist es so, daß ein Schriftsteller einfach ohne Bewußtsein seiner gesellschaftlichen Bedingungen arbeitet und die Reflexion dieser Bedingungen als etwas seiner Arbeit Unwesentliches ablehnt. Er denkt sich dann als einen, der sich selber verwirklicht. Er denkt, es komme ihm nur auf sich selber an. Er findet es vielleicht besonders ehrlich, wenn er sich das eingesteht. Er glaubt, er habe sich nur selbst durchzusetzen. Er gehört ja anscheinend keiner Klasse an. In Wirklichkeit gehört er einer Klasse an, deren Privilegiertheit Solidarität überflüssig macht. Selbstbezogenheit ist die auszeichnende Charakteristik des Schriftstellers. Auch Selbstsucht ist bei ihm eine nicht nur gestattete, sondern geradezu gehätschelte Produktionsbedingung. Er darf sich eine Aufführung leisten, die den Angehörigen einer anderen Klasse ins Gefängnis brächte. Da die privilegierte Klasse insgesamt zur Selbstbezogenheit und Selbstsucht tendiert, ist der Schriftsteller exemplarisch. Seine sogenannte Unabhängigkeit steigt mit seinem Marktwert. Je mehr er sich also durchsetzt, je besser er die antagonistische Technik erträgt oder gar beherrscht, desto freier ist er. Daß diese Freiheit eine totale Abhängigkeit ist, muß er solange nicht durchschauen, als er die Marktgesetze bewußtlos verinnerlicht hat und sich mit ihnen ohne Reflexion im Einklang weiß. Also solange er intakte Machtinstinkte hat wie jeder Liberale. Der Liberale ist doch dadurch definierbar, daß er *das* Handlungsgesetz für alle empfiehlt, das ihm den größten Erfolg gebracht hat. Da ich immer Zwang zur Entfremdung erlebe, wenn ich mich diesem Liberal-Antagonismus ausgesetzt sehe, glaube ich nicht mehr, daß die liberale Sphäre der Interessenlage des Schriftstellers wirklich entspricht. Der Fetisch Meinungsfreiheit hat sich ohnehin selbst entmythologisiert und zu erkennen gegeben als ein einfaches Herrschaftsinstrument. Aber die sozusagen garantierte individuelle Sphäre, das Angebot sozusagen schrankenloser Selbstverwirklichung, der Wegweiser nach Innen, die öffentlich favorisierte Selbstherrlichkeit, der schick zeitgenössisch frisierte Künstlerquatsch, das Talmi von der schöpferischen Begabung, die vollkommen und in jedem Sinn lächerliche Unterscheidung zwischen produktiven und reproduktiven Schreibern, eben der ganze immer noch angebotene Kunst- und Kulturzauber: geschieht das alles im Interesse des Schriftstellers? des Intellektuellen überhaupt? also auch des Regisseurs, des Kritikers, des Literaturwissenschaftlers, des Schauspielers, des Dirigenten, des Bühnenbildners? Für die Erfolgreichen scheint es nichts

Schöneres zu geben. Die Erfolgreichen plazieren von Mal zu Mal ihr Ausdrucksdenkmal auf dem Markt, arbeiten an sich, sind selbst ihre einzige und höchste Sache, sind dem geringsten Zwang zur Entfremdung unterworfen, kennen keine weitere Verpflichtung als die sich selbst gegenüber.

Johannes R. Becher (in *Das poetische Prinzip*): »Gottfried Keller hat einmal an den Oberamtsrichter Storm geschrieben, bei Paul Heyse räche es sich, daß er seit dreißig Jahren kein Amt und keine andere profane Lebensweise genossen habe; diese Existenz sei schon Tieck und Gutzkow nicht gut bekommen. Daß Keller hiermit das Richtige traf, zeigt ein Brief, den Heyse, ohne von Kellers Bemerkungen zu wissen, an Storm schrieb: ›Was gäb ich drum liebster Storm, wenn ich Oberamtsrichter in Husum wäre! Wie oft habe ich meinen in der Freiheit verwilderten Nerven ein solches gelindes Gängelband gewünscht (...) Ich Amtloser habe nie einen Feiertag gekannt!‹«

Ich glaube, daß die gegenwärtigen Bedingungen den am meisten verwildern lassen, der am besten ausgerüstet ist, sie erfolgreich zu bestehen. Zweifellos können einem, der sich für frei und unabhängig hält, immer noch eine Menge Sachen einfallen, mit denen er die unterhalten kann, die sich über ihre Abhängigkeit keine Illusionen machen können. Vielleicht ist das unsere momentane Funktion. Wir machen alle auf irgendeine Art Kino. Vor allem, wenn einer von uns sich auch noch durch seine persönliche Aufführung so weit vom Normalbenehmen wegbenimmt, daß das Publikum darin das genießen kann, was ihm selber weder erlaubt noch möglich ist. Der Schriftsteller, der nach Bomben und Maschinengewehr gegen Mitmenschen ruft, erfüllt dieselbe Funktion wie der Filmschauspieler, der zum 7. Mal heiratet. Er lebt sich exemplarisch aus vor den Augen derer, die sich das nicht leisten können. Er prakti-

ziert einen Narzißmus, der, wenn man die Entfernung zum Publikum bedenkt, zynisch genannt werden darf.
Das mag ihm recht sein. Das war wohl immer so. Des Iphigenie-Dichters Existenz in Weimar war, wenn man bedenkt, wie das Volk rundum lebte, asozial und zynisch. Kafkas Existenz war anders.
Brecht war sich dieser schneidenden Trennungslinie bewußt. Nach Brecht kann man nicht mehr so tun, als wüßte man nichts davon.
Vor allem kann man jetzt fragen, ob es wirklich im Interesse des sogenannten freien Schriftstellers ist, wenn er die von der Gesellschaft angebotene und honorierte narzißtische Existenz praktiziert. Er praktiziert eine untergehende Lebensweise. Und er ist im darwinschen Sinne monströs. Darwin beschreibt das so: »Der Federbüschel auf der Brust des wilden Truthahns dürfte keinerlei Nutzen haben, und es ist zweifelhaft, ob er in den Augen der Henne als Zierde gilt. Hätte sich dieser Büschel erst im Zustande der Domestikation gezeigt, so würden wir ihn zweifellos eine Monstrosität nennen.« Der Schriftsteller, der eine gesellschaftliche Lizenz zum Narzißmus ausbeutet, ist auf die feinste Weise domestiziert, deshalb ist seine scheinbar wilde oder bizarre oder verachtungsreiche oder feindselige persönliche Aufführung samt seinen privilegierten Freiheitstänzen nichts als monströs.

(1969)

1. Ronald D. Laing, *Undurchschaubarkeit und Evidenz in modernen Sozialsystemen*, in: *Kursbuch 16*, S. 93 ff.
2. Leslie A. Fiedler, *Das Zeitalter der neuen Literatur*, in: *Christ und Welt*, 13. und 20. 9. 1968. Antworten deutscher Autoren, vor allem von Rolf Dieter Brinkmann in: *Christ und Welt*, 15. 11. 1968 und Peter O. Chotjewitz in: *Christ und Welt*, 8. 11. 1968.
3. Zur »neuen amerikanischen Szene«: *Acid*, hrsg. von R. D. Brinkmann und R. R. Rygulla. Darmstadt 1969 (Nachwort von R. D. Brinkmann).

4. Peter Handke: a) *Ich bin ein Bewohner des Elfenbeinturms*, Frankfurt 1972 (= suhrkamp taschenbuch 56); b) *Totgeborene Sätze*, in: *Die Zeit*, 6. 12. 1968; c) Peter Hamm, *Der neueste Fall von deutscher Innerlichkeit: Peter Handke*, in: *Über Peter Handke*, hrsg. von Michael Scharang, Frankfurt 1972 (= edition suhrkamp 518), S. 304 ff.
5. Ludwig Wittgenstein, *Philosophische Bemerkungen* VI, S. 88 ff. Frankfurt 1964.
6. Charles Darwin, *Die Entstehung der Arten*. Stuttgart 1963, S. 131 ff.

Hölderlin zu entsprechen

Für Friedrich Beißner

Ich erinnere an einen Unterschied zwischen Dichtern. Die einen sind immer im Mittelpunkt ihrer Situation. Sie trinken uns sozusagen zu, wenn sie ein Gedicht machen. Das nächste Mal grüßen sie aus der nächsten Situation. Ihr Leben wird zu einer Folge von Gelegenheiten. Sie betreiben ihre eigene Entwicklung fast souverän. Der Geschichte gegenüber verhalten sie sich oppositionell oder opportunistisch. Das heißt, sie sind zuerst Avantgarde, dann lassen sie sich einholen, und sind Verstärker. Vermittlung ist ihnen ein zu abstraktes Geschäft. Das ist gegen ihre rundum sinnliche Begabung. Es ist klar, daß aus diesem Material Klassiker gemacht werden.
Die anderen – man müßte von ihnen astronomisch weit weg sein, um sie unter einen Sammelnamen zu zwingen – diese anderen sind exzentrisch. Sie sind unzufrieden mit sich selbst. Deshalb eher erfolglos. Die Gesellschaft liebt am liebsten den, der sich selber liebt, und so zeigt, wie man ihn lieben kann. Nach ihrem Tode liebt man sie sehr. Sie haben es schwer, einen Begriff von sich zu bekommen. Wenn sie ICH sagen, meinen sie etwas anderes.
Es ist klar, daß Hölderlin zu diesen Dichtern gehört. Auch noch das gröbste Gerücht über ihn enthält diese Charakteristik. Der zerbrochene Jüngling, der Seher, der Prophet, das umnachtete Opfer. Auch in der Sprache der Fachleute geht diese Charakteristik nicht verloren. Ob etwa der »Fürst des Fests« in der *Friedensfeier* Christus, Napoleon, Bacchus, Herkules, der »Genius des Volks« oder der »Gott des Friedens« ist – ich halte diesen Streit für entscheidbar –, ist weniger wichtig als daß jeder darin

doch eine Bewegungsfigur, eine Figur zur Vermittlung sieht.
Ich habe das Gefühl, ich hätte jetzt unendlich viel über Hölderlin gelesen. Aber ich habe dadurch wenigstens erfahren, daß der Versuch, diesen Dichter durch mehr als das dankbare Gefühl zu verstehen, gefährdet wird von zu wenig oder zuviel Unmittelbarkeit. Offenbar ist es wirklich schwer, diesen Gedichten gegenüber weder zu befangen, noch zu kühn zu werden.
Hemmungslos kühn ist es, wenn einer sich etwa aus den späten Gedichten Zeilen pflückt, und dann stellt er seine Betrachtung an.
Aber zu befangen kommen mir die vor, die von Hölderlin nur sprechen, indem sie seine Haupt-Wörter um- und umwenden. Mir sind allerdings diese Zögernden lieber als die Prediger. Die zögernden Ausleger sind aber in Gefahr, aus dem überreichen Hölderlin-Material in schöner und zäher Befangenheit allmählich eine einzige begehbare Tautologie zu errichten. Es ist klar, diese Befangenheit hat Grund; man kann die späteren Gedichte Hölderlins nicht durch Zitieren in den Zustand der Unmittelbarkeit versetzen. Aber hört man nicht zu früh auf, wenn man den Anprall dieser Gedichte, durch Aufdröseln der Zeilen, in einer dranglosen Nachbildung des vermutbaren Inhalts entschärft!
Was hat man davon, wenn man weiß, Hölderlin habe in einer Zeit der Götterferne den Boden bereitet für die Rückkehr der Götter!
Oder: er habe in dem und jenem Satz sich nicht »bloß eine Veränderung der historisch-sozialen Verhältnisse« versprochen, »sondern einen grundlegenden Wandel, eine metanoia, im Verhältnis der Menschen zum Göttlichen, ein Erwachen aus dem Schlummer jener Nacht, die die Nacht der Götterferne und Vereinzelung ist«.[1] Und was

[1] Peter Szondi, *Hölderlin-Studien*, Frankfurt 1967, S. 38.

ich hier als befangen zitiere, gehört sicher zum Haltbarsten. Es gibt außerdem noch eine Tradition des Interlinear-Gemurmels, das als Wissenschaft sehr komisch, als Beweis für Hölderlins hinstreckende Kraft aber doch beeindruckend ist. Wer möchte nicht lange Zeit dasitzen und nichts tun, als in immer neuem Anlauf sich vorzusagen: »Versöhnender, der du nimmer geglaubt/Nun da bist (...)«[2]

Ein luxuriöses Leben könnte man verbringen mit dem Hin- und Herbeten solcher Sätze wie »Göttliches trifft Unteilnehmende nicht (...)«[3]

Ihm gegenüber selbst das Wort zu ergreifen, das fällt schwer. Er hat ja nicht, wie Johann Wolfgang von Goethe, in Weimar, zum leichteren gesellschaftlichen Gebrauch unabhängigen Sinn in regelmäßige Hebungen und Senkungen verwandelt, Hölderlin hat, muß man wohl sagen, gedichtet. Aber wenn wir ihn mit seinen eigenen Wörtern nachbeten, gehen wir um mit Göttern, als wären die uns noch was.

Wir sind doch davon mindestens so weit weg wie die »Scheinheiligen Dichter«, die Hölderlin »kalte Heuchler« schimpft; »sprecht von Göttern nicht! Ihr habt Verstand! ihr glaubt nicht an Helios (...)«[4] Das trifft doch auf uns zu.

Also zuerst einmal so weit als möglich weg von diesen Wörtern und Sätzen des letzten Stadiums. Die Sprache, die diese Gipfelpartie bildet, hat ja Bedingungen und eine faßbare Geschichte. Hölderlin hat ja ganz offen angefangen. Hat ganz unmittelbar reagiert. Aber er hat es sehr

---

2 Hölderlin, *Sämtliche Werke*, Kleine Stuttgarter Ausgabe, hrsg. von Friedrich Beißner, Bd. 2, Stuttgart 1953, S. 134.
3 *Kl St A*, Bd. 2, S. 227.
4 *Kl St A*, Bd. 1, Stuttgart 1944, S. 254.

schnell für nötig gehalten, die Unmittelbarkeit zu bremsen.
Er erlebt nichts, was er dann gleich als Gedicht hinsagen konnte. Auf jeden Fall hält er es für notwendig, dem, was er sagen will, strenge Strophen entgegenzusetzen. Und an Stelle des Erlebnisses wirkt bei ihm das Projekt. Nichts ist ihm auch nur annähernd so wichtig wie die Zukunft. Seine Zukunft. Als Dichter. »Klopstocksgröße«[5] schwebt ihm vor. Sein Thema heißt »Ehre«[6], »Vorsatz«[7], »Lorbeer«[8], die »Gewagte Bahn«[9].
Aber das Ich, das sich in diesen Gedichten so unentwegt in die Zukunft stürzt, ist merkwürdig wenig stabil. Es stürzt fast regelmäßig ab auf seiner *gewagten Bahn*. Und bei jedem Mißlingen muß das Gedicht eine Zeit lang oder gar unwiderruflich in der 3. Person fortgesetzt werden. Dann sieht das ICH sich als den »Schwachen«[10], den »Armen«[11], den »Verachteten«[12]. Das ist die einzige Identität, die Hölderlin der Umwelt gegenüber erreicht. Diese Entfremdung wird seine erste Rolle. Er flüchtet in die Natur, um sich von dieser Rolle zu heilen. Einmal gelingt ihm das, da »kennt er sich wieder«[13]. Öfter aber stellt er fest, daß er zuerst den Lorbeer haschen muß. »Dann, o Natur, ist dein Lächeln Wonne.« *(Zornige Sehnsucht)*[14]. In einem Brief an die Freundin sagt er, sein Trübsinn komme aus »unbefriedigtem Ehrgeiz«[15].

5 In *Mein Vorsatz*, Bd. 1, S. 94.
6 *An die Ehre*, Bd. 1, S. 94.   7 Siehe Anm. 5.
8 Siehe *Zornige Sehnsucht*, Bd. 1, S. 91.
9 Siehe *An die Ehre*, Bd. 1, S. 95 u. *Keppler*, Bd. 1, S. 80; *Die Heilige Bahn*, Bd. 1, S. 78.
10 In *Die Stille*, Bd. 1, S. 44.
11 In *An Stella*, Bd. 1, S. 21.
12 In *Einst und Jetzt*, Bd. 1, S. 97 und *An die Ruhe*, Bd. 1, S. 98.
13 In *Auf der Heide geschrieben*, Bd. 1, S. 29.
14 *Zornige Sehnsucht*, Bd. 1, S. 91.
15 *Briefe*, Kleine Stuttgarter Ausgabe, Bd. 6, hrsg. von Adolf Beck, Stuttgart 1959, S. 56.

Er macht also sein Selbstbewußtsein ganz und gar von einer Bestätigung in der Zukunft abhängig; von Jahr zu Jahr verspricht er, zuerst noch in Gedichten, dann nur noch in Briefen, jetzt gleich Schluß zu machen mit dem Dichten, wenn dieses Mal die Anerkennung wieder ausbleibe; vor allem der immer besorgteren Mutter verspricht er immer wieder, daß er jetzt dann gleich Vikar werde und vielleicht sogar heirate, bloß einmal noch soll sie's ihn auf »eigenem Wege«[16] (wie sie es nenne) probieren lassen. Zum letzten Mal verspricht er das während der Arbeit am *Empedokles*; und jedes Mal macht er nach nicht erfüllter Erwartung doch weiter; ohne Identität sozusagen; dem Freund Neuffer, der auch dichtet, aber auch als Pfarrer wirkt, schreibt er: »Dein Selbstgefühl ruht auch noch auf anderer glücklicher Tätigkeit und so bist du nicht vernichtet, wenn du nicht Dichter bist«[17]; er ist vernichtet, wenn es ihm nicht gelingt, Dichter zu sein.

Die Ausschließlichkeit, mit der er dieser Bestätigung oder Vernichtung entgegenarbeitet, und die vollkommene Unfähigkeit zum Ersatz zwingen dazu, Hölderlin schon hier in einer Art Trema[18] zu sehen, jenem Vor-Stadium der späteren Krankheit. Diese Krankheit ist in seinem Fall nicht ein unausweichliches Schicksal; sie hätte wohl bis zuletzt, also mindestens bis 1802, noch gehemmt, wenn nicht gar geheilt werden können. Grob gesagt: durch Liebe. Auch in der Form der öffentlichen Anerkennung.

Also, dieses andauernd aufgeschobene Leben, diese ununterbrochene Spannung vor dem Auftritt, dieses Nochnicht-Dasein ist auf jeden Fall Hölderlins erste Bedingung. Dann erarbeitet er seiner Hoffnung einen immer genauer bestimmten Inhalt. Das Projekt *Lorbeer* wandelt sich vom

---

16 *Kl St A*, Bd. 6, S. 314.
17 *Kl St A*, Bd. 6, S. 262.
18 K. Conrad, *Die beginnende Schizophrenie*, Stuttgart 1958, S. 32 ff.

blank-abstrakten Ehrgeiz-Unternehmen zu einem Arbeitsprogramm. Er leidet zwar von Jahr zu Jahr mehr an seiner Namenlosigkeit, aber diese Klage versteckt sich jetzt lieber in den Briefen. Noch einmal, in der Ode *An die Deutschen,* geht ihm das ICH verloren, aber nur an die 2. Person, er spricht sich an als »Armer Seher«, der hinunter muß, »Ohne Namen und unbeweint«[19].
Das ist längst nicht mehr der private Gekränkte; diese Entfremdung ist schon Klage über einen aktuellen politischen Mangel. In seinen Gedichten hat Hölderlin da dem Dichter schon die Funktion erkämpft, die ihm in der Gesellschaft verweigert wurde.
Und die von da an in vielen Versen immer genauer und kühner und blühender gefaßte Dichter-Figur läßt kaum mehr ahnen, wie erfolglos und alleingelassen der Schreiber dieser Figur in Wirklichkeit war.
Noch in Tübingen hat Hölderlin mit der Arbeit begonnen, dieses andauernd zwischen Vergangenheit und Zukunft, zwischen Griechenland und zukünftiger Selbstverwirklichung hin- und hergerissene Ich in ein Verhältnis zur Gegenwart zu bringen.
Die französische Revolution, durch Mömpelgarder Stipendiaten im Stift vertreten, lenkt ihn in die Zeit.[20] »(...) und bete für die Franzosen, die Verfechter der menschlichen Rechte«[21], schreibt er an die Schwester.

Als er von einem Ausflug in die Schweiz zurückgekehrt war, wurde ihm bewußt, daß er in den Alpen einer freiheitlicheren Tradition begegnet war. Er schämt sich für das Vaterland. Wieder wird fast mit den selben Worten

19 *Kl St A*, Bd. 2, S. 11.
20 Pierre Bertaux, *Hölderlin und die Französische Revolution,* Frankfurt 1969 (edition suhrkamp 344), S. 51.
21 *Kl St A*, Bd. 6, S. 85.

vermerkt wie in der *Zornigen Sehnsucht,* daß unter diesen Umständen die Natur nicht hilft, da »lächelt Himmel und Erd (...)/Mir umsonst.«[22]

Aber noch hofft er, oder ruft es sich doch im Gedicht zu, daß sich »Scham und Kummer« einmal in »erfreuende Tat« wandeln werden.[23] Diese Illusion muß er bald durchschaut haben. In dem Aufsatzfragment über zwei Homerhelden schämt er sich wieder. »Ich bin nun entschlossen, es koste, was es wolle.« Und sofort der Umschlag: »Du müßtest sehen, wie ich der ernsten Mahnung meines Herzens gar künstlich fröhliche Farben aufzwang, um sie mir erträglicher zu machen, und sie wie einen guten Einfall belächeln, und vergessen zu können.«[24] Literatur als folgenlose Abfuhr. Das ist die schlechte Alternative zum Täter, der er nicht ist. Er hat sich nicht dauerhaft mißverstanden. In der Ode *An die Deutschen* kommt er sich näher, wenn er frägt, ob die Tat aus dem Gedanken komme, wie aus dem »Gewölke der Strahl. Leben die Bücher bald?« In der zweiten Fassung wird der allenfalls denkbare Anteil des Dichters sogar noch zurückhaltender gefaßt, »die Bücher« werden ersetzt durch »die stille Schrift.«.[25]

Das ist keine Resignationsstufe; Hölderlin traut der Stille viel zu; er hat den Büchern damit einfach eine feste Qualität zugesagt. Und dank der zufallsfreien Genauigkeit seines Sprachgebrauchs wird man Zeuge, wie dieses Wort an sein Ziel gelangt, wie es genau als das selbe Wort zur Wirkung kommt, die ein Wort haben kann, nämlich zur vermittelnden. In der *Friedensfeier* tritt der bis dahin meistens laute Gott der Zeit aus seiner Werkstatt als »Der

---

22 In *Kanton Schweiz, Kl St A,* Bd. a, S. 149.
23 Siehe Anm. 22.
24 *Kl St A,* Bd. 4, Stuttgart 1962, S. 229.
25 *Kl St A,* Bd. 2, S. 9.

stille Gott der Zeit«.[26] Das ist der Vermittlungskraft der »stillen Schrift« gelungen. Allerdings: nur im Gedicht. Daß man in schöner Voreingenommenheit aus vielen Zeilen jakobinischen Klang herausklopfen kann, vor allem wenn man dazu bemerkt, daß diese Zeilen nur der Zensur wegen nicht deutlicher jakobinisch seien[27], das liegt einfach daran, daß Hölderlin diesen Vorauston hat; nicht den der Avantgarde, sondern den des historischen Prozesses. Aber er wäre doch nicht Hölderlin, sondern ein liebenswürdiger Schwärmer, wenn er seine Mitwirkungsmöglichkeiten nicht ganz genau zur Sprache gebracht hätte. »Tatlos selber, und leicht, aber vom Aether doch auch angeschaut«[28], so sieht er den Dichter. Und seiner Wortgenauigkeit entsprechend verwendet er dieses *leicht* für diese Einschätzung nicht nur einmal; er gebraucht es, vergleichend, in *Dichtermut*[29]; auch in der *Elegie*[30] bezeichnet es eine Voraussetzung des »Singens«; im *Archipelagus*[31] das Sprechen; in *Wie wenn am Feiertage*[32] und *Am Quell der Donau*[33] bleibt das Wort ganz im Feld, wenn die Dichter einmal von der Natur erzogen werden in »leichtem Umfangen« und das andere Mal der Dichter die »guten Geister« bittet: »umgebe mich leicht«. Geradezu identisch ist der Gebrauch da, wo es noch einmal darum geht, den Täter vom Dichter zu unterscheiden, in der Ode an den Freund Sinclair, der daran arbeitete, die Re-

26 Hölderlin, *Werke und Briefe*, hrsg. von Friedrich Beißner und Jochen Schmidt, Frankfurt 1969, Bd. 1, S. 166. (*Die Friedensfeier* ist erst nach dem Erscheinen des Bandes der Stuttgarter Ausgabe, der die Gedichte nach 1800 enthält, aufgefunden worden.)
27 Bertaux, a.a.O., S. 114 ff.
28 In *Stuttgart*, Kl St A, Bd. 2, S. 92.
29 *Kl St A*, Bd. 2, S. 66.
30 *Kl St A*, Bd. 2, S. 78.
31 *Kl St A*, Bd. 2, S. 110.
32 *Kl St A*, Bd. 2, S. 122.
33 *Kl St A*, Bd. 2, S. 133. Vgl. auch Bd. 6, S. 316: das Sprechen von der Gottheit wird als das »Leichte« Opfer bezeichnet.

volution über den Rhein zu bringen; da ist es eindeutig Sinclair, den der »Zeitengott« ruft: »dich ruft, / Dich nimmt der mächtige Vater hinauf; o nimm / Mich du, und trage deine leichte / Beute dem lächelnden Gott entgegen!«[34] Er folgte dem Freund, wohin der will, aber: »mit Gesange folge ich, selbst ins / Ende der Tapfern, hinab dem Teuern«.[35] Und dann noch die Zeile »Wenn ich so singend fiele (...)«[36]

Gibt das schon den Revolutionär Hölderlin her? Zumindest nicht den Politiker, den Aktiven, den Eingreifenden. Singend ist er dabei, auf der Seite der Revolution, daran ist kein Zweifel, aber eben doch: singend. Hyperion hält sie ja auch nicht aus, die Tat. Und Empedokles wurde von Hölderlin in sorgfältiger Anstrengung immer reiner zum Opfer präpariert. Hölderlin arbeitet in diesen Neunzigerjahren verteidigend, bittend, planend, klagend und unablenkbar an seiner Funktion, seiner Identität, seiner Bestimmung: als Dichter. Empedokles scheine, sagt Hölderlin, zum Dichter geboren, er scheine »in seiner subjektiven tätigen Natur schon jene ungewöhnliche Tendenz zur Allgemeinheit zu haben, die unter andern Umständen (...) zu jener Vollständigkeit (...) des Bewußtseins wird, womit der Dichter auf ein Ganzes blickt.«[37] Das halte ich für unmittelbare Auskunft. Die Vollständigkeit des Bewußtseins, der Blick auf das Ganze, die Tendenz zur Allgemeinheit, das umschreibt einen Teil des Arbeitsprogramms, das er gegen Mode und Nichtachtung ausbildet. In seinen Briefen kann man lesen, daß er sich für die »Tendenz zur Allgemeinheit« eher geniert hat. Schiller hat ihn deswegen kritisiert. Hölderlin hat allmählich Be-

---

34 *Kl St A*, Bd. 2, S. 41.
35 *Kl St A*, Bd. 2, S. 42.
36 *Kl St A*, Bd. 2, S. 43.
37 *Kl St A*, Bd. 4, S. 162.

griffe entwickeln müssen, um seine »Scheue vor dem Stoff«[38] zu verstehen und zu rechtfertigen. Er hatte sich gegen die Erlebnislyrik zu wehren.
Er hielt es nicht für »hinreichend, aus sich selber zu schöpfen, und seine Eigentümlichkeit, wäre sie auch die allgemeingültigste, blindlings unter die Gegenstände hineinzuwerfen«.[39] Also will er Vollständigkeit des Bewußtseins.
Er konnte nichts davon halten, aus einem brunnentiefen und ebenso festen ICH zu schöpfen. Er hatte keins.

Doch, er hatte eins, aber nur soweit, als es ihm von außen versichert wurde. Er mußte sich in anderen erfahren. Das muß jeder. Das Individuum ist eine glänzende europäische Sackgasse. Hölderlin kennt sich erst, wenn er sich mitgeteilt hat, wenn er sich im Gegenüber erfährt. Natürlich hat er sich zuerst an Menschen gewandt.
Man könnte sich vorstellen, daß er von seinen Freunden die Bestätigung erwartete, die ihm das »Vaterland«[40] vorenthielt. Der Briefwechsel mit Neuffer, der andauerndste Freundesbriefwechsel Hölderlins, hörte bald auf, als Neuffer einmal etwas kritischer geschrieben hatte. Dazu kommt, daß Hölderlin durch jede Beziehung in fortwährende Bewegung geriet. Es riß ihn hin. Er konnte nicht vorsichtig sein. »Jede Beziehung mit andern Menschen und Gegenständen nimmt mir gleich den Kopf zu sehr ein, und ich habe dann meine Mühe, sobald ich irgend ein besonderes Interesse bei mir zum Vorschein und zur Sprache kommen lasse, wieder davon weg und auf etwas anderes zu kommen.«[41]

38 *Kl St A*, Bd. 6, S. 268.
39 *Kl St A*, Bd. 6, S. 281.
40 Siehe Anm. 37.
41 *Kl St A*, Bd. 6, S. 416, und S. 340, 328 f.

So klar ist ihm seine Krankheitsbedingung geworden. Aber es ist mehr als rührend, wenn er dann zur Begründung sagt: »so bin ich ein schwerfälliger Schwabe.«[42]

Das war also seine Bedingung: er kann sich ohne andere nicht erfahren, also sucht er andere, sucht er ein Gegenüber, ein »harmonisch Entgegengesetztes«[43], dadurch gerät er aber zu sehr außer sich, oder das andere nimmt ihn zu sehr ein, er ist in Gefahr, sich zu verlieren. In Griechenland, im Freund, in der komischsten Hauslehrerpflicht. Trotzdem muß er für ein bißchen Identität sich immerzu in solche Bewegung bringen und dann die schwere Umkehr suchen.
Er ist einmal in Tübingen quer über die Straße gerannt und hat einem Stiftsangestellten, der ihn nicht gegrüßt hatte, den Hut vom Kopf geschlagen.[44] Das ist eine grelle Anekdote zu seinem Identitätsproblem.
Und weil er keine privaten und schon gar keine öffentlichen Verhältnisse findet, in denen er sich wirklich bestätigt sehen kann, wird ihm fast alles nur noch zur Störung. Die einzige Ausnahme ist, eine Zeit lang, die Beziehung zu Frau Gontard, und dann vielleicht noch die Freundschaft zu Sinclair. Immer enger drängt ihn die Erfahrung zu Mutter, Schwester und Stiefbruder hin. »Es geht uns«, schreibt er der Schwester, »wie ichs oft bei den Herden auf dem Felde gesehen habe, daß sie zusammenrücken und aneinanderstehn, wenn es regnet und wittert. Je älter und stiller man in der Welt wird, um so fester und froher hält man sich an erprüfte Gemüter.«[45] Er war da 28 Jahre alt.

42 *Kl St A*, Bd. 6, S. 416.
43 Siehe *Kl St A*, Bd. 4, S. 251 ff. *Über die Verfahrungsweise des poetischen Geistes*.
44 Wilhelm Michel, *Das Leben Friedrich Hölderlins*, Frankfurt 1967, S. 43 f.
45 *Kl St A*, Bd. 6, S. 296.

In seinen Briefen stellt sich Hölderlin sehr schmiegsam auf den Adressaten ein; nur ein Thema zieht sich schlechterdings grell durch alle Briefe: Störung und Ruhe. Mit immer denselben Worten klagt er, daß er zu bewegt ist, zu störbar, zu zerstörbar, »ewig Ebb und Flut«[46], ewig zwischen »Hoffnung und Erinnerung«[47], andauernd mit seiner Rettung beschäftigt, immer kämpfend um einen »festen« und »getreuen Sinn«.[48] Und diese Lebensbedingung wird ganz direkt die Grundlage seines Arbeitsprogramms. Weil er nicht erfolgreich leidend und zielstrebig Jahresringe ansetzen kann wie der Klassikgründer in Weimar – bitte, meine Damen und Herren, man kann nicht Hölderlin rühmen und den Weimarer Goethe *nicht* schmähen –, weil er dieses seiner selbst immer ungewisse, auf riskante Erfahrung angewiesene, das heißt also auf Bewegung angewiesene ICH hat, deshalb fällt ihm zum Beispiel in der Geschichte »das Vorübergehende und Abwechselnde der menschlichen Gedanken und Systeme fast tragischer auf (...) als die Schicksale, die man gewöhnlich allein die wirklichen nennt.«[49] Das ist seine Tendenz zur Allgemeinheit, seine Angewiesenheit auf Bewegung, seine dialektische Natur, was soviel ist wie ein weißer Schimmel. Die Kehrseite davon ist seine »Scheue vor dem Stoff«[50], seine Angst, ein »leerer Poet«[51] zu werden; aber er bestimmt sich dazu, die Wirklichkeit, in der Stoff und Störung daheim sind, nicht zu meiden.

Er schreibt: »Weil ich zerstörbarer bin als mancher andere, so muß ich um so mehr den Dingen, die auf mich zerstörend wirken, einen Vorteil abzugewinnen suchen, ich

---

46 *Kl St A*, Bd. 6, S. 63; 220; 265.
47 *Kl St A*, Bd. 6, S. 105.
48 *Kl St A*, Bd. 6, S. 331 f; 130; 275 ff; 282 ff; 324 f; 351 f; 416; 432.
49 *Kl St A*, Bd. 6, S. 323.
50 Siehe Anm. 32.
51 *Kl St A*, Bd. 6, S. 334.

muß sie nicht an sich, ich muß sie nur insofern nehmen, als sie meinem wahrsten Leben dienlich sind. Ich muß sie, wo ich sie finde, schon zum voraus als unentbehrlichen Stoff nehmen, ohne den mein innigstes sich niemals völlig darstellen wird. Ich muß sie in mich aufnehmen (...)«[52]
Das ist Kafka, möchte man sagen. So erarbeitet er sich dann die »Verfahrungsweise« des »poetischen Geistes«; was er aber als solche beschreibt, ist eine Schilderung der menschlichen Entwicklung als dialektische. Daß Hölderlin diese Denkart nicht bloß beim Freund Hegel im Stift gehört hat, zeigt sein Verhältnis zur Natur. Hölderlin war kein Idealist. Für ihn ist die Natur nicht, wie für Hegel, etwas, was der menschliche Geist hinter sich gelassen hat, ein Bereich, in dem sich nichts mehr tut. Der Satz von Engels, daß die Natur »eine wirkliche Geschichte durchmacht«[53], wird in Hölderlins Gedichten immer wieder vollzogen. Und was noch zu Hölderlins Lebzeiten in Heilbronn von Julius Robert Mayer gedacht wurde – die Entdeckung der Erhaltung und der Verwandlung der Energie –, das ist Hölderlin nicht fremd; daß nichts »umsonst« ist, hat der für Kräftebewegungen ungemein empfindliche Hölderlin andauernd bemerkt.

Nun wirkt das ja alles immer gleichzeitig, das ist das Schwierige in unserer auf Nacheinander angewiesenen Auffassungsgabe: französische Revolution; die Enttäuschung, daß sie im Vaterland nicht wirkt; die Beschämung, tatenlos zusehen zu müssen; die ausbleibende Bestätigung des Dichters durch die Deutschen; also das immer aufgeschobene Leben; die allmähliche Reduktion der Beziehungen auf die Verwandtschaft, vor allem nach der abgewürgten Liebe zu Frau Gontard; Ersetzung der gegenwärtigen Welt durch Natur und Geschichte und Zukunft,

---

[52] *Kl St A*, Bd. 6, S. 312.
[53] Friedrich Engels, *Anti-Dühring*, Berlin 1948, S. 26.

auch im Arbeitsprogramm; und, durch all diese Umstände bedingt, der Fortschritt der Krankheit; und all diese Umstände wieder durch die fortschreitende Krankheit weiter verschärft.

Die Krankheit gehörte so sehr zu den Bedingungen seines Stils, daß es keinen Sinn hat, sich auch da noch pseudohölderlinisch auszudrücken und zu sagen, er sei in eine »Umnachtung« gefallen, gar noch in eine seelische.

Abgesehen davon, daß das die fürchterlichen Vorgänge unterschlägt, von den Rasereien gegen Mutter und Schwester in Nürtingen, zur Verladung in die Kutsche in Homburg, bei der er den Transporteuren mit seinen verwilderten Fingernägeln heftig blutende Gesichter schlug[54], bis zur Zwangsjacke und Gesichtsmaske im Tübinger Klinikum, abgesehen davon ist die Krankheit schon sehr viel früher eine Lebensbedingung für Hölderlin, als es die Mär von der plötzlichen Umnachtung nach 1800 wahrhaben will. Im vorläufigen Stadium wird in steigender Spannung das Bevorstehende erlebt, sagt die Psychiatrie: Selbstwertminderung oder Steigerung, ein Drittes gibt es nicht.[55] Der Überspanntheit folgt der Spannungsabfall, die Mutlosigkeit, das »Umfeld« erhält »einen befremdlichen neuen physiognomischen Zug, den es bisher noch niemals hatte. Es sieht kalt und feindselig auf den Erlebenden, wie auf einen, über dem man den Stab gebrochen hat.«[56] Schon 1795 schildert der Freund Magenau den aus Thüringen gescheitert nach Nürtingen zurückgekehrten Hölderlin so: »abgestorben allem Mitgefühl mit seines Gleichen, ein lebender Todter«.[57] Und daß das keine Übertreibung ist, bestätigt Hölderlin selbst. In

---

54 Werner Kirchner, *Der Hochverratsprozeß gegen Sinclair*, Frankfurt 1969, S. 180 und S. 219.
55 K. Conrad, a.a.O., S. 19 f.
56 K. Conrad, a.a.O., S. 46.
57 W. Michel, a.a.O.2 S. 128.

einem Brief an Schiller schreibt er im September 1795:
»Ich fühle nur zu oft, daß ich eben kein seltner Mensch
bin. Ich friere und starre in den Winter, der mich umgibt.
So eisern mein Himmel ist, so steinern bin ich.«[58] In diesem Winter im September ist der neue »physiognomische
Zug« unübersehbar. Und die dafür notwendigen Wörter
setzen sich durch. Das Wortfeld: einsam, kalt, klanglos,
sprachlos, stumm, setzt sich fort mit ehern, eisern.[59]
In dieser Zeit gewinnt er sich in der Natur jene ihm notwendige »harmonische Entgegensetzung«, also eine bewegte, lebendige Beziehung, ohne daß er gleich Zerstörung fürchten muß. Durch christliche Erziehung und durch
Irritation durch die idealistischen Fremdlinge Schelling,
Schiller, Hegel und Fichte war ihm Natur etwas Verhülltes geworden; bis in die Zeit der Tübinger Hymnen. Ein
solches Verhältnis hat bei Hölderlin immer eine zuverlässige sprachliche Entsprechung. Der Mäher »entkleidet« die
Wiese[60], die Heide ist »nackt«[61], vor Homer steht die
Natur »mit abgelegten Hüllen« da[62], und in dem Hölderlin-Hit heißt es dann, rückblickend: »Da ich noch um
deinen Schleier spielte (...)«[63] Danach wird die Natur
vorzüglich durch Wortbildungen mit All- gefeiert: Allumfassende, Allesbelebende, Allesverwandelnde, Allgegenwärtige.[64] Vor allem aber wird ein Wort vollkommen
der Anwendung auf Menschen entzogen und ausschließlich in den Dienst des Ausdrucks der Natur gestellt: das
Wort »lächeln«. Nach der Tübinger Zeit kommt es, wenn

---

58 *Kl St A*, Bd. 6, S. 197.
59 Vgl. *Kl St A*, Bd. 1, S. 95; 97; 204; 232; 298; 304; Bd. 2, S. 10;
11; 12; 75; 81; 87; 121; Bd. 6, S. 357; 431; 433.
60 *Kl St A*, Bd. 1, S. 60.
61 *Kl St A*, Bd. 1, S. 199.
62 *Kl St A*, BD. 1, S. 182.
63 *Kl St A*, Bd. 1, S. 198.
64 *Kl St A*, Bd. 1, S. 177; 259; Bd. 2, S. 23; 34; 122.

ich nichts übersehen habe, kein einziges Mal mehr für Menschen vor. Jetzt lächelt »das Bild der Erde«[65], Helios, der Aether. Licht und Luft werden von Hölderlin ganz konkret »himmlisch« genannt. Als Himmlische nennt er sie Götter; und vom Wort Natur aus, die ihm jetzt immer »lächelt«, wird »lächeln« auch für das Auffallendste in der Natur möglich, also für den Aether, für die Luft, das Licht, für die Himmlischen, die Götter.[66] Das Lächeln wird geradezu zu einem Rangabzeichen in den späteren Gedichten. Kommt es vor, weiß man, es handelt sich um einen Gott. Aber was ist das, ein Gott? Einmal also verdankt er sich der physiognomiesetzenden Kraft[67] des von der Gesellschaft nicht Aufgenommenen, des schwer erschütterten Einsamen. Im Jahr 1798 schreibt Hölderlin dem Bruder: »So müssen wir auch der Gottheit, die zwischen mir und dir ist, doch wieder von Zeit zu Zeit das Opfer bringen; das leichte, reine, daß wir nämlich zueinander sprechen von ihr.«[68] Die Beziehung zum Bruder, die Verwandtschaft ist hier eine Gottheit.

In einem späten hymnischen Entwurf heißt es: »Was ist Gott? unbekannt, dennoch / Voll Eigenschaften ist das Angesicht / Des Himmels von ihm. Die Blitze nämlich / Der Zorn sind eines Gottes. Jemehr ist eins / Unsichtbar (...) schicket es sich in Fremdes. Aber der Donner / Der Ruhm ist Gottes.«[69] Das ist, glaube ich, das Endstadium dieses Wortes bei Hölderlin.

Vorher waren die Himmlischen jene ganz konkreten Naturkräfte. Sie wurden ihm zum Zeichen. Er fühlte sich gemeint. Deutlich kann man sagen: Gott ist alles, was sich

---

65 *Kl St A*, Bd. 1, S. 197.
66 *Kl St A*, Bd. 1, S. 94; 159; 182; 185; 195; 197; 214; 258; Bd. 2, S. 8; 23; 43; 51; 60; 85; 123; 151; 153; 154; 156; 159; 213; 221.
67 Vgl. K. Conrad, a.a.O., S. 71.
68 *Kl St A*, Bd. 6, S. 316.
69 *Kl St A*, Bd. 2, S. 218.

noch an ihn wendet. Jede noch mögliche Beziehung. Und je wehrloser er wird, desto übermächtiger die Erscheinungen, also desto größer Gott. Kein Wort kommt in den späteren Gedichten auch nur annähernd so häufig vor wie »Gott« und »Götter« und »göttlich«. Ich habe in der Böschenstein-Konkordanz[70] flüchtig gezählt: rund 320mal. An zweiter Stelle: »Himmel« und »Himmlische«, an die 280mal. Als drittes folgen Wörter mit »Liebe«! Dann folgt »Leben«, dann »gehen«, dann »kommen«, dann »Tag«, dann »sehen« und »schauen«, dann »Mensch«, »Zeit«, »sagen« und »nennen«, dann »Erde«, »Geist«, »Freude«. Es hilft wenig, zu sagen, er sei einfach fromm gewesen. Fromm war er sicher und in dem allerbestimmbarsten Sinn, daß er sich nämlich als Teil eines Prozesses sah, als Einzelnes, das ohne Aufhebung im Ganzen kalt und klanglos stumm war.

Ich möchte noch einmal die Psychiatrie hereinbitten. Zur beginnenden Schizophrenie gehört, nach Jaspers, »das unmittelbar sich aufzwingende Wissen von Bedeutungen«[71]; ein anderer Wissenschaftler stellt fest, im Wahn bestehe ein »gesteigerter und erweiterter Vorrang von Wesenseigenschaften an bestimmten Wahrnehmungsgegenständen«.[72] Und als unübersehbar wird an den Erkrankten immer wieder festgestellt: sie hätten das Gefühl, alles werde ihretwegen veranstaltet. Viele hören Stimmen. Davon ist Hölderlin frei. Aber nur allzu oft spricht er von seinem Auge und den Zeichen. Er fühlt sich gemeint, betroffen von den Himmelszeichen.

Darüber gibt deutlich Auskunft das Wortfeld Himmel-Wolke-Strahl-treffen-Wort-Gabe-nennen-entzünden-

---

70 Bernhards Böschenstein, *Konkordanz zu Hölderlins Gedichten nach 1800*, Göttingen 1964.
71 K. Conrad, a.a.O., S. 46.   72 K. Conrad, a.a.O., S. 59.

schlummern-wecken.[73] Die Psychiatrie hat beobachtet, wie außerordentlich empfindlich die Erkrankten auf ihre Umwelt reagieren. Wie treffbar sie sind. Wie wehrlos. Und noch eins: den Psychiatern ist offenbar auch ganz geläufig, daß die Betroffenen eine sonst völlig unbekannte Fähigkeit haben, die »Tiefe«[74] eines solchen, für andere nicht weiter wichtigen Ereignisses zu empfinden. Im Betroffenen hat sich, sagt der Psychiater, ein »abnormes Bedeutungsbewußtsein entwickelt«.[75]

Der Psychiater K. Conrad zitiert von einem Schizophrenen folgenden Satz: »Ich glaubte, ich strebte zum Licht, aber es war immer nur die Angst vor dem Dunkel«.[76] Dieser Satz wurde nicht in tiefsinniger Absicht fabriziert, sondern damit schilderte der Kranke ganz einfach, wie er durch eine Bahnunterführung gegangen war. So wirkt diese Krankheit selbst auf einen Nicht-Hölderlin. Conrad bezeichnet in seiner Gestaltanalyse die zwei Hauptphasen dieser Krankheit mit Apophänie und Apokalypse, also mit dem Wort »offenbaren«.

Auch in diesem Umkreis steht Hölderlin. Schmälert es ihn denn, wenn er der ihm aufgehalsten Krankheit nun noch Fähigkeiten abgerungen hat? Freud, zum Beispiel, hat die Psychose nicht nur als Krankheit gesehen, sondern auch als Versuch einer Heilung. Hölderlins Abwendung von den Menschen ist ein Heilungsversuch.[77] Der ungeheure Ausbau seiner Mittlerrolle in Natur und Geschichte ist

---

73 Vgl. entzünden: 1, 255; 259. 2, 123; 136; Gewölk, Strahl, Flamme: 2, 9; 41; 48; 95; 127; Gabe, Wort, senden, treffen: 2, 71; 72; 96; 97; 98; 103; 123; 124; 131. Sichtbarste Erscheinung dieses Wortfeldes: *Wie wenn am Feiertage* ...
74 Vgl. Bd. 2, 122 ff. K. Conrad, a.a.O., S. 89.
75 Vgl. K. Conrad, a.a.O., S. 20.
76 K. Conrad, a.a.O., S. 82.
77 Leo Navratil, *Schizophrenie und Sprache*, München 1968, S. 38.

ein Heilungsversuch. Wie er dann das, was ihm da in Natur und Geschichte entgegenkommt, erlebt, wie sehr es ihn betrifft und was er deshalb daraus macht, das hat auch mit einer von der Krankheit erzeugten Fähigkeit zu tun.
Auf diesem Wege, glaube ich, wurden dem immer wehrloseren, treffbareren, einsameren Hölderlin die Naturerscheinungen zu so gewaltigen Adressen an ihn selbst. Erstaunlich dabei ist, daß er nicht noch früher erstarrte; daß er diese Szene andauernd in der Vermittlungsbewegung hielt; daß es ihm gelang, diese Götter solange als Prozeßfiguren zu sehen und sie nicht einfach anzubeten. In den Gedichten, in denen »Gott«, »Götter«, »göttlich« etwa 320mal und »Himmel« und »Himmlische« etwa 280mal vorkommen, kommt drei Mal das Wort »beten« vor.
»(...) daß (...) / Furchtlosrege der Geist (...) / (...) sich üb, und die Göttersprache, das Wechseln / Und das Werden versteh (...)« *(Der Archipelagus)*[78]
Also, die Götter sind Prozeßkräfte und nichts Geoffenbartes, auf das man mit Verehrung reagieren könnte. Man muß sie aufnehmen, daß sie als Wirkung zu sich kommen. Wenn man noch Hölderlins übermäßigen reflexiven Gebrauch der Verben dazunimmt, wird noch deutlicher, daß es sich nicht um Offenbarung in irgend einem bekannten Sinne handeln kann.
»Positive Offenbarung« ist ihm wörtlich »ein Unding (...) wo der Offenbarende nur alles dabei tut, und der, dem die Offenbarung gegeben wird, nicht einmal sich regen darf, um sie zu nehmen, denn sonst hätt er schon von dem Seinen etwas dazugebracht.«[79] Er will andauernd zeigen, daß nichts für sich sein kann, »alles greift ineinander und leidet, so wie es tätig ist (...)«[80] Seine Himmlischen,

78 *Kl St A*, Bd. 2, S. 116.
79 *Kl St A*, Bd. 2, S. 323.
80 *Kl St A*, Bd. 2, S. 323.

auch sein immer mehr hervorragender Gott, sie sind nie für sich. Es gehört immer erst ein anderes dazu, daß eines *sich* wieder kennt, oder neu *sich* fühlt, oder einst *sich* nennt, oder überhaupt *sich* wieder findet. Der Geist im Menschenwort, der Vater unter den Lebenden, das Licht in den Frohen (...)[81] »(...) gleichwie auch an den Pflanzen / die Mutter Erde sich und Licht und Luft sich kennen.«[82]

Da uns das dialektische Vermögen und das Vermögen der Dialektik durch geschichtliche Erfahrung seitdem bekannter geworden sind, bringt die Ausschließlichkeit, mit der er eine Sache auf Vermittlung stellt, ihn uns nur näher. Ohne weiteres sind uns die Stromgesänge als schönste Vermittlungsmodelle deutlich. Ohne weiteres seine Vorliebe für die großen Vermittler Rousseau, Herkules, Bacchus, Christus und Kolumbus. Ich halte es für grotesk, daß er Mythen gebildet haben sollte. Und selbst wenn er's getan hätte, so müßten wir, wie er es Sophokles gegenüber tat, die Mythen »beweisbarer darstellen«.[83]

Aber es genügt schon, sein prozessuales Denken ernst zu nehmen. Da gibt es keine dualistische Eingeteiltheit in Geist und Materie, Kunst und Leben, Kunst und Wirklichkeit. Hölderlin konnte den Prozeß auch nicht nur denken. In einem Aufsatzentwurf spottet er über die Weisen, die, »nur mit dem Geiste, nur allgemein unterscheiden« und dann »schnell wieder ins reine Sein zurückeilen« und den Prozeß enden lassen.[84]

---

81 Die letzten vier Strophen der Ode *Ermunterung* hören so auf: »sich entfaltet«; »sich findet«; »sich ausspricht«; Bd. 2, S. 36 f. Vgl. 1, 41 (sich sehnen); 1, 67 (sich begrüßen); 1, 307 (sich erfreue); 1, 309 (sich gesellen); 2, 122 (sich fühlen); 2, 127 (sich finden); Hölderlin, *Werke und Briefe*, a.a.O., Bd. 1, S. 165 (sich erfahren).
82 Hölderlin, *Werke und Briefe*, a.a.O., Bd. 1, S. 166.
83 *Kl St A*, Bd. 5, *Übersetzungen*, Stuttgart 1954, S. 292.
84 *Kl St A*, Bd. 4, S. 247.

Hölderlin fühlte sich bis zur Unerträglichkeit in diesem
Prozeß beschäftigt, von ihm ergriffen. Er fühlte sich verantwortlich, denn ohne Vermittlung verwildert der Prozeß. Aber der Dichter ist kein Individuum. Als einzelner
wäre der immer sinnlos.

Dichter, das bezeichnet ganz genau einen Beruf, eine Vermittlungsfunktion. Und die Gesänge des Dichters sind
ausschließlich dem Vaterland zur Hilfe bestimmt. Aber
was fehlte denn dem Vaterland? Litt es an der Götterferne? Was hat er denn den Deutschen vorgeworfen? Daß
sie zu sehr am Eigenen klebten, daß sie nicht aufbrächen,
daß sie sich nicht im Fremden erfahren wollten, daß sie
sich »an ihren Erwerbnissen und Ererbnissen zu Tode
schleppen«, einen Mangel an Trieb zur Erfahrung.[85] »Die
republikanische Form in unseren Reichsstädten (ist)·tot
und sinnlos geworden, weil die Menschen nicht so sind,
daß sie ihrer bedürften, um wenig zu sagen.«[86]

Er hat, in anderer Stimmung, innig gehofft, daß es sich
nur um einen Schlaf handeln möge, rundum, daß in der
geschichtlichen Stagnation sich insgeheim etwas vorbereite, und an dessen Weckung wollte er mitarbeiten. Er hatte
ja dieses schöne und riesige Vertrauen in den »Genius des
Volks«. Er hat dieses eine große Beispiel gegeben, den
Aufbruch nach Griechenland, um im Erfahren des Fremden den schwierigen Gebrauch des Eigenen, des »Nationellen« zu erlernen.[87] Und er hat das andere Beispiel gegeben: die Erfahrung des Eigenen in der Natur. Politisch
sah er um sich her das ausfaulende Reich. Der Natur gegenüber sah er, von Leibniz bis Fichte und in jeder christ-

[85] *Kl St A*, Bd. 6, S. 326.
[86] *Kl St A*, Bd. 6, S. 365.
[87] *Kl St A*, Bd. 6, S. 456.

lichen und feudal-bürgerlichen Kleinigkeit, nur ein Herr-Knecht-, ein reines Ausbeutungsverhältnis.
Also: Anstoß, Erweckung, Wirkung, Veränderung. Deshalb wird ihm schließlich jedes Gedicht zum Medium, in dem sich der erwünschte Prozeß andauernd ereignet. Hölderlin hat sich nie ganz vom Prozeß der französischen Revolution abgewandt und er hat sie auch nicht erst gegrüßt, als sie in einem Kaiser zur Erstarrung gekommen war.
»Es ist nur ein Streit in der Welt«, schreibt er seinem Karl, »was nämlich mehr sei, das Ganze oder das Einzelne.«[88]
An Sinclair schreibt er, in jedem »Produkt« könne »der Anteil, den das Einzelne am Produkt« habe, »niemals völlig unterschieden werden, vom Anteil den das Ganze daran hat.« Es sei »sogar die erste Bedingung alles Lebens und aller Organisation, daß keine Kraft monarchisch ist (...)« Und so weiter.[89] Überall, wo man ihn anrührt, dieses vollständige Bewußtsein, dieser Blick auf das Ganze. Man könnte davon träumen, was geschehen wäre, wenn Deutschland diesen Anstoß empfunden hätte.
Er wollte schließlich, daß der Inhalt seiner Gedichte das Vaterland unmittelbar anginge.
Das höchste Vorstellbare für ihn: der »Geist des Vaterlands« sollte sich in seiner Sprache finden.
»So krönet, daß er schaudernd es fühlt, / Ein Segen das Haupt des Sängers / Wenn dich der du / Um deiner Schöne Willen, bis heute / Namlos geblieben, o göttlichster! / O guter Geist des Vaterlands, / Sein Wort im Liede dich nennt.«[90]
Davon hat er uns eine kräftige Ahnung gelassen. Das »Nächste Beste«, das stand auf seinem Programm!

88 *Kl St A*, Bd. 6, S. 448.
89 *Kl St A*, Bd. 6, S. 322 ff.
90 *Kl St A*, Bd. 2, S. 212 f.

»Abendlich wohlgeschmiedet / Vom Oberlande biegt sich das Gebirg (...)«[91] Er wollte das nicht versäumen. Griechenland sei an diesem Versäumnis zugrunde gegangen.
Ich glaube auch nicht, daß wir Hölderlin entsprechen, wenn wir meinen, er hätte in seinem Prozeßgedicht immer nur den Dichter exponieren wollen. Und auch noch als etwas Besonderes. Im *Hyperion* heißt es: »Da übte das Herz sein Recht, zu dichten, aus (...) Und, wie die Vergangenheit, öffnete sich die Pforte der Zukunft in mir.«[92] Dichten ist also ein allgemeines Verhalten. Ein Nichteinschlafen im Augenblick. Jeder, der mehr von Vergangenheit und Zukunft als von Gegenwart lebt, ist ein Dichter.
Auch der Dichter ist, wie Gott und die Götter, nur eine Prozeßfigur. Er ist einfach der gesellschaftliche Teil in dieser Vermittlungsbewegung. Auf jeden läuft doch andauernd Zukunft zu. Jeder ist doch andauernd in Gefahr, bei sich einzuschlafen; das Neue, das Nächste, das Kommende abzuwehren oder um sein Recht zu betrügen. Dazu ist er abgerichtet im Interesse des Herrschenden oder der Herrschenden. Er läßt sich die Rolle verpassen, die von der Gesellschaft scharf verfügte und noch schärfer überwachte Identität. Karyatiden-Identität. Ein System aus gefangenen Bewegungen. Wie hätte sonst das Wort »Systemimmanenz« zu solchen Ehren kommen können! Systemimmanenz und Tautologie, das ist der süße Senf, der alles so konsumierbar macht. Nicht über uns hinaus, das ist das eherne Limit. Wer den Widerspruch produziert, die Entgegensetzung, der erhält viele Arten von Prügeln. Schon Unsicherheit wird bestraft. Am liebsten eben das schwerpunktsichere Raubtiergemüt. Bewegungen nur wegen Beute.
Und andauernd wird uns Angst eingebleut vor der Zu-

91 *Kl St A*, Bd. 2, S. 246 ff.
92 *Hyperion*. In: *Kl St A*, Bd. 3, Stuttgart 1958, S. 73.

kunft. Die Herrschenden, das verfügende Bürgertum, sie machen uns zu ihren Komplizen. Auch wir sollen Angst haben vor Veränderung. Das ist gelungen. Wir haben Angst. Wir kennen uns schier selbst nicht mehr vor Stillstand. Wir müssen uns wahnsinnige Sachen vorführen lassen, damit wir uns ein bißchen erfahren. Und weil uns die Gesellschaft, die nicht nach unserem Interesse, nicht nach dem Interesse der Mehrheit bestimmt ist, nur ein nirgends hinreichendes Selbstbewußtsein erlaubt, deshalb sind wir sehr verletzlich und gegeneinander so feindselig. Sogenannte Individualisten. Damit wir ja nicht zusammenfinden. Wir erfahren uns nicht mehr in Bewegungen, sondern in Fixierungen. Das macht uns verbotssüchtig, zukunftsscheu, nervös, arbeitsam, rücksichtslos und traurig.
Hölderlin hat wohl *beides* in hartem Wechsel andauernd an sich selbst erfahren, die Gefahr zu erstarren und, im Bewußtwerden dieser Gefahr, den Trieb aufzubrechen, sich riskant dem Entgegengesetzten auszusetzen, sich in ihm zu verlieren. In Homburg war sein Zimmer mit den Karten der 4 Weltteile dekoriert.[93] Er hat gewußt, daß »vaterländische Umkehr« in die »Wildnis« führen kann oder »in die neue Gestalt«.[94]
Er hat gewußt, daß man in diesem Entscheidungsprozeß nicht neutral sein kann. Er hat sich Versöhnungsfeiern vorgestellt, Brautfeste der Tendenzen.
»Vollendruhe. Goldrot«.[95]
Das ist seine Utopie. Und wir sind so wenig in die Schule bei ihm gegangen, daß wir uns ohne weiteres am Ziel der Geschichte wähnen. Wir glauben, den Prozeß überlisten zu können. Zwei Parteien rotieren bewegungslos. In ihrer Umarmung soll der Prozeß endgültig einschlafen. Dabei

---

93 *Kl St A*, Bd. 6, S. 378.
94 *Kl St A*, Bd. 5, S. 295.
95 *Kl St A*, Bd. 2, S. 262.

ist das Entgegengesetzte, der Sozialismus, innerhalb der deutschen Tür.
Nicht als unser Untergang, sondern als Übergang. Und nicht als sein Untergang, sondern als Übergang. Hölderlin hat sich der Spannung solcher Geschichtsaugenblicke ausgesetzt.
»Ist ein solches Phänomen tragisch, so gehet es durch Reaktion, und das Unförmliche entzündet sich an Allzuförmlichen.«[96] Reaktion, das ist das äußerste Gegenteil von dialektischer Vermittlung. Wir leben in diesem Zustand. In der auf nichts als auf Reaktion gestellten Auseinandersetzung, »streiten die Beteiligten nicht mehr um die Wahrheit«, sagt Hölderlin; das Charakteristische sei, sagt er, »daß sie als Personen im engeren Sinne, als Standespersonen gegeneinander stehen, daß sie sich formalisieren.«[97]
Ich will ihn nicht viel länger so unmittelbar herbitten. Aber ihm zu entsprechen, das heißt nicht, bei sich selbst wie am Ziel stehen zu bleiben, das hieße vielmehr, den Widerspruch, den der Zustand doch aus sich selbst produziert, nicht unterdrücken und betrügen zu wollen, sondern sich in ihm zu erfahren und mit ihm die »neue Gestalt« heraufzuführen.
Der Anstoß Hölderlins ist bis heute schöne Literaturgeschichte geblieben. Das heißt, es gelingt uns offenbar nicht, ihn zu verstehen. Oder: wir nehmen ihn nicht ernst. In der vollendeten *Friedensfeier* hat er mitgeteilt, wohin die Geschichte nach allen Vermittlungen gelangen soll, sein zukünftiges Jetzt heißt – und daraufhin wollen wir uns dann einmal anschauen: »(...) jetzt, / Da Herrschaft nirgends ist zu sehn, bei Geistern und Menschen.«

(1970)

[96] *Kl St A*, Bd. 5, S. 295.
[97] *Kl St A*, Bd. 5, S. 295 f.

Für eine IG Kultur

Daß es Dieter Lattmann gelungen ist, den »Verband deutscher Schriftsteller« zustande zu bringen, liegt nicht an seinem überragenden Organisationsgeschick. Das Wichtigste bei solchen Erweckungstaten ist, wie der Dornröschen-Prinz ein für alle Mal bewies, die Empfindlichkeit für den richtigen geschichtlichen Zeitpunkt. Die zunehmende Monopolisierung im Verlagswesen zwingt uns dazu, die Organisationsfrage endlich ernst zu nehmen. Die Bestseller-Listen sind die andauernde Illustration dieser Monopolisierung. Es sind immer dieselben Verlage und eigentlich auch immer dieselben Autoren. Das heißt, das mit dem Brimborium des Schöpferischen verbandelte Urheberrecht, das uns immer noch mit einer Geste blöder Feierlichkeit angedient wird, von dem wir leben sollen, dieses Recht wird angesichts der Industriemonopole, die es jetzt verwerten und realisieren, von Jahr zu Jahr weniger ein Recht. Das ist der Augenblick, in dem alles Gruppe-47-hafte endgültig anachronistisch ist! Hans Werner Richter durfte sich rühmen, ohne Organisatorisches auszukommen. Von Dieter Lattmann und seinen Nachfolgern erwarten wir Organisation.
Im Zeitalter des beginnenden Medienverbunds, im elektronischen Zeitalter wird der literarische Autor mit seinem Urheberrecht eine noch komischere Figur werden: eine Art Rohstofflieferant, dem die terms of trade einfach diktiert werden können. Es besteht und wird immer bestehen ein Überangebot an Urheberrechten, weil einfach immer zu viele Menschen aus Angst vor entfremdeter Arbeit oder aus Unfähigkeit zu entfremdeter Arbeit in diese freiere, aber keineswegs freie Arbeit flüchten.

Durch Urheberrecht hat jeder von uns die Möglichkeit, seine Arbeitsstunde nicht nur einmal, sondern zehnmal oder hundertmal zu verkaufen. Beim Komponisten des Tagesschau-Motivs kommt dieses Prinzip mit einer halben Million Mark für ein paar Takte zu seiner erwünschten Märchenhaftigkeit. Es ist das gesellschaftliche Prinzip des Marschallstabs in jedem Tornister oder des Zeitungsjungen, der Konzernherr wird. Es ist ein Ausbeutungsprinzip auf Lotteriegrundlage, das sich in unserem Fall durch das Zusammenspiel von Literaturkritik und Marktwirtschaft als höhere Gerechtigkeit gibt; dem Unbelehrbaren ist natürlich noch eine Berufung in irgendeiner Zukunft verheißen. Der Effekt dieses marktgängigen kulturellen Legitimations- und Leistungssystems ist, daß einige von uns zuviel und die meisten viel zu wenig Geld bzw. Selbstbewußtsein haben.

Der VS hat bisher in vier wichtigen Fragen Initiativen entwickelt, um unsere Lage zu verbessern. Mit Hilfe von Bibliothekstantiemen soll ein Sozialwerk finanziert werden (1). Für Abdrucke in den Schulbüchern sollen wir in Zukunft honoriert werden (2). Sogenannte »gemeinfreie Werke« sollen zugunsten eines Sozialfonds mit einer »Urhebernachfolgegebühr« (1% vom Ladenpreis) belegt werden (3). Der VS hat sich für die Geltung des Urheberrechts auch in sogenannten Entwicklungsländern ausgesprochen (4).
Es ist klar, diese vehemente Perfektionierung beim Eintreiben der Kulturkontribution ist eine Reaktion auf das Erlebnis der immer deutlicher werdenden Unterlegenheit des Autors auf dem kapitalistischen Markt.
Im Bundestag waren sich am 18. September dieses Jahres alle Parteien einig, daß uns geholfen werden müsse. Streit entstand nur noch darüber, wer für sich in Anspruch neh-

men dürfe, als erster die Initiative zur Änderung des Urheberrechtsgesetzes ergriffen zu haben.
Der Sprecher der CDU/CSU, Herr Dr. Schober, sagte in seiner Begründung: »Es kommt uns darauf an, in unserer Zeit zunächst einmal mit dieser Novellierung dafür zu sorgen, daß der Schriftsteller, der sich als ein solcher erwiesen hat, der größten Sorgen für sein Alter enthoben ist. Wir haben damit zu rechnen, daß der Buchmarkt in der BRD enger wird.« Um also der härter werdenden Diktatur des Marktes besser standhalten zu können, sollen wir mit neuen Urheberrechten ausgestattet werden. Im Grunde handelt es sich beim wichtigsten Punkt, den Bibliothekstantiemen, um eine gut geschminkte Subvention, von der aber noch keiner gesagt hat, wer sie bezahlen soll. Alle sind sich einig: nicht der Leser, der sich die Bücher ausleiht. Also der Steuerzahler. Und natürlich sollen diese Tantiemen nicht den »Vermehrungsetat« (so heißen die Gelder für Buchanschaffungen in den Haushaltsplänen für Büchereien) beeinträchtigen.
Nach den Richtlinien des Stuttgarter Kultusministeriums muß eine Bücherei mindestens ein Buch pro Einwohner haben, wenn sie Sinn haben soll. Demnach fehlten den 8,5 Millionen Einwohnern Baden-Württembergs im Jahr 1967 4 980 000 Bücher. In amtlichen Veröffentlichungen wird von einem »Bibliotheksnotstand« gesprochen. Und jetzt kommen wir und wollen pro Jahr noch rund 10 Millionen Mark, weil das Älterwerden in diesem Beruf sonst einfach nicht zu empfehlen ist. Und zu diesen bis jetzt 4 Fällen der Expansion unserer Rechte, d. h. zu dieser Verbesserung unserer Markt- bzw. Lotteriechancen wollen wir noch oder wollen doch viele von uns auch noch die gewerkschaftliche Organisation.
Wir sollen unterschlupfen bei der IG Druck und Papier. Nach Lukács ist Organisation eine Form der Vermittlung

zwischen Theorie und Praxis. Der VS ist aber fast stolz darauf, daß er keine Theorie habe, daß er sich nur praktischen Erledigungen widme. Trotzdem scheint mir jede Perfektionierung der Gewinneintreibung durch Rechtsexpansion ein sehr systemkonformer, also auch ideologiehaltiger Organisationsschritt zu sein. Der VS wirkt als Lobby und hat sofort bei allen Fraktionen durchschlagenden Erfolg.
Wieso will dieser sofort erfolgreiche wirtschaftliche Interessenverband sich auch noch gewerkschaftlich organisieren?
In den VS-Informationen kann man lesen, bei unserem Sozialfonds gehe es darum, »zusätzlich zur Eigenleistung der Schriftsteller für die Altersversicherung einen Ersatz für den bei freien Autoren nicht vorhandenen Arbeitgeberanteil zu finden.«[1] In derselben Ausgabe wird von einer Hamburger VS-Veranstaltung berichtet: »Der Autor als Arbeitnehmer«. Es heißt da: »Eine einmütige Definition der Rolle des Autors, ob Arbeitnehmer oder ›Unternehmer‹, wurde nicht gefunden.« Je nachdem, ob wir an die im Urheberrecht verpackten abstrakten Gewinnmöglichkeiten und an die Umsatzsteuer denken oder an die Unmöglichkeit, Gewinne anders zu realisieren als durch Abhängigkeit vom Produktionsmittel besitzenden Verleger, je nach dem erscheint der Autor als eine Art Unternehmer oder als eine Art Arbeiter. Dem entsprechend scheint eine kentaurische Lösung der Organisationsfrage dem zu Organisierenden am meisten zu entsprechen; marktwirtschaftlicher Ausbau der Rechte und Unterschlüpfen bei Druck und Papier. Wenn man sich bei den Kollegen von der DJU erkundigt, die schon länger zur IG Druck und Papier gehören, dann erfährt man nichts, was gegen einen solchen Unterschlupf spricht, allerdings auch noch nicht sehr viel, was dafür spricht.

[1] In: *VS-Information*, 1/70, S. 6.

Aus einem Referat des Kollegen Stotz von der DJU weiß ich, daß es der DJU bisher noch nicht gelungen sei, die Lage der freien Journalisten irgendwie zu verbessern. Verbesserungen erzielte die DJU nur zugunsten der angestellten Journalisten. Und die IG Druck und Papier hat es sicher an nichts fehlen lassen. Und mehr als für die DJU-Kollegen wird sie für die VS-Kollegen auch nicht tun können. Und für das Akut-Schlimmste, die bisher kaum versicherbare spätere Arbeitsunfähigkeit, würde der VS vielleicht auch als typisch westdeutscher Interessenverband ausreichen. Wofür reicht er aber nicht aus? Für die Vertretung unserer politischen Interessen. Und damit ist letzten Endes auch das Interesse an der puren Versorgung tangiert. Momentan gehört es, glaube ich, zur Tendenz des VS, berufspolitische Interessen, überhaupt politische Interessen, etwas zu bagatellisieren.

Die meisten von uns sind an kleine und mittlere Verlage gebunden und können also jeden Tag aufwachen im Portefeuille eines Konzerns. Unsere Urheberrechte schützen uns nicht davor, daß wir verhökert werden im Paket und danach vielleicht sofort abgeschrieben werden auf Null. D. h., das Urheberrecht ist ein windiger Schutz. Zur Zeit entstehen noch Autorenverlage und Autorenbüros, die zwar fortschrittlich sind in der Art, wie sie im Rahmen des Urheberrechts Möglichkeiten der Solidarität unter Autoren entwickeln, die aber eher zu Alibis für die Konzerne werden, als daß sie deren Dominanz auch nur im geringsten beeinträchtigten.
Wir sehen täglich, daß der demokratische Anfang, der gemacht wurde mit den öffentlich-rechtlichen Funkanstalten, wieder aufgehoben wird durch den zunehmenden Einfluß privater Produzenten. Wer unsere Entwicklung 20 Jahre lang beobachtet hat, der weiß, daß die sogenannte Privat-

initiative, das heißt, der Einfluß des Großkapitals, sich dann doch als stärker erweist als alles nur Verfassungsmäßige.
Ob die häuslichen Apparate schließlich über Privatsender oder über privat produzierte und verkaufte emissionsunabhängige Kassetten versorgt werden, ist dann egal. Das Adenauer-Fernsehen ließ sich fast verhindern. Die Springer-Elektronik wird kommen.
Dieser Perspektive muß unsere Organisation gerecht werden. Das heißt, auch die Gewerkschaften können nicht bleiben, was sie sind. Es ist ohnehin nicht einzusehen, warum die Gewerkschaften nur in der Geldwirtschaft selbst zum Monopolisten werden und in der Kulturindustrie peripher vegetieren. Vielleicht glauben die Gewerkschaften immer noch nicht, daß es sich da, wo Kunst und Information produziert werden, tatsächlich um eine Industrie handelt. Zumindest müssen wir, die in der Kulturindustrie oder für sie arbeiten, schon durch unsere Organisation auf das Stadium der ökonomischen Konzentration antworten, dem wir ausgesetzt sind. Da unser Partner oder Gegner neuerdings immer nach der Verfügung über *alle* Medien strebt, ist es nur komisch, wenn Schriftsteller, Journalisten, Komponisten, Grafiker, Bühnenbildner, Schauspieler, Maler, Kameraleute, Regisseure in separierten Häufchen herumoperieren. Ich glaube, nur eine IG Kultur kann aus dem Grüppchen-Wesen eine Gruppe machen, die den Multimedia-Konzernen gewachsen ist.

Ich schlage deshalb vor:
1. In allen jetzt existierenden Einzelverbänden sollen alle Entscheidungen jeweils daraufhin geprüft werden, ob sie das Zusammenwachsen zu einer IG Kultur fördern oder hemmen. Sogar der Ausbau von Rechten muß daraufhin überprüft werden.

2. Wir schaffen einen Arbeitskreis innerhalb unseres Vorstands, der Kontakt aufnimmt mit den anderen Verbänden, also mit der DJU, der Rundfunk- und Fernseh-Union, den Theaterproduzenten, der Bühnengenossenschaft, dem Bund Deutscher Grafik-Designer, dem Berufsverband Bildender Künstler, dem Schutzverband bildender Künstler, den Literaturproduzenten, den in der Gewerkschaft Handel, Banken und Versicherungen organisierten Kollegen der Kulturindustrie, dem Deutschen Komponisten-Verband: es soll festgestellt werden, welche Vorteile eine allen gemeinsame Organisation haben könnte.

3. Der Arbeitskreis übernimmt es, mit dem DGB darüber zu verhandeln, ob eine eigene IG Kultur als Organisationsziel denkbar wäre oder ob – als kleine Lösung – wenigstens alle Branchen und Einzelverbände als ein Verband bei der IG Druck und Papier unterkommen; wichtiger als die eigene IG ist natürlich zunächst die Vereinigung aller Interessen in *einem* Verband.
Wenn die Tendenz zu einer effektiven gewerkschaftlichen Organisation nur ein Schriftsteller-Einfall wäre, müßten wir nicht darüber reden. Es hat sich aber in den letzten Jahren deutlich genug gezeigt, daß die bestehenden Organisationsformen auch unserer Kollegen Schauspieler, Maler, Grafiker usw. den Organisierten nicht mehr genügten. Den einen genügt die Gewerkschaft Handel, Banken und Versicherungen nicht mehr, die anderen wollen aus der Bühnengenossenschaft heraus. Und die, die sich an der alten kurfürstentümlichen Einteilung stoßen, sind in Gefahr, sich in neue Separationen hineinzumanövrieren.
Wahrscheinlich ist es noch zu früh, darüber zu diskutieren, ob eine Gewerkschaft, der wir angehören wollen, mehr

Gegenmacht oder mehr »Dienstleistungsorganisation«[2] sein soll, aber daß sie den aktuellen ökonomischen Problemdimensionen gewachsen sein muß, darf man ja wohl fordern. Eine IG Kultur könnte sich später mit einiger Selbstverständilchkeit ihr eigenes Produktionsmittel schaffen. Das wäre, glaube ich, für uns alle das Wünschenswerte.
Ich hoffe, es ist noch nicht zu spät, diese Tendenz zu diskutieren, und, wenn mehrere dafür sind, zu installieren. Ich halte es fast für schädlich, Schriftsteller-Interessen isoliert zu organisieren. Ich halte den Schritt in die IG Druck und Papier allenfalls für einen Anfang. Wir wären weiterhin auf Gesten anderer angewiesen. Es wäre doch noch nicht einmal wünschenswert, daß die Drucker uns zuliebe streiken würden, abgesehen davon, daß das kaum vorstellbar ist.
Wir sollten uns doch so organisieren, daß wir nicht auf die Gesten anderer angewiesen, sondern selber zu mehr als zu Gesten fähig sind. Ich halte die sich jetzt abzeichnende kentaurische Lösung – Edel-Lobby plus Gewerkschaftstouch – für einen Verzicht auf politische Vertretung. Das läuft dann eben so: jede Menge abstrakte Bekenntnisse gegen Konzentration, aber keine Spur von »enteignet Springer«. Ich meine, bei aller Sympathie für die SPD, unsere Organisationsform muß ja nicht unbedingt ein Abbild des Koalitionskentaurs in Bonn sein; unsere Organisationstendenz sollte sich vielmehr daran orientieren, daß unsere Arbeit unwillkürlich politisch ist, auch wenn wir uns dumm stellen, uns nichts als sachlich geben, genial sind oder nur naiv. Ich glaube nicht, daß es eine reine Dienstleistungsorganisation gibt. Der BDI ist keine, der Börsen-

---

[2] Theo Pirker, zitiert nach Frank Deppe u. a., *Kritik der Mitbestimmung*, Frankfurt 1969 (= edition suhrkamp 358).

verein ist keine; und wenn wir unsere Interessen selber vertreten und uns nicht bloß durch Wohlverhalten empfehlen wollen, dann wären wir die ersten in der Weltgeschichte, denen das ohne politische Verbindlichkeit gelingen würde.

(1970)

Kapitalismus *oder* Demokratie

»Der Kern der großkapitalistischen Macht sieht eben doch anders aus, als viele Zaungäste ihn sich vorstellen. In diesem Kern herrscht bei aller Gewißheit vollkommene Wirrnis, und nichts kann ihm fremder sein als sein eigener Begriff.«[1]

Das schrieb Alfred Sohn-Rethel, ein Marxist, der längere Zeit in den ideologischen Zentralen des Kapitalismus arbeitete. Das ist eine Erfahrung, die jeder machen kann: die intellektuelle Unschuld oder Harmlosigkeit oder Unentwickeltheit einzelner Kapitalisten und des Gesamtkapitalismus und dann doch seine Fähigkeit, das Bewußtsein der Mehrheit der Bevölkerung zu beherrschen. Man braucht zur Ausübung der wirklichen Macht offenbar weniger intellektuelle Kraft als einfach Kapital. Wer die Maschinen hat, mit denen man eine Zeitung drucken kann, der findet auch Leute, die für ihn so schreiben, wie er's gern haben möchte. Wer Drehbänke hat oder Versuchsreaktoren, der findet offenbar genügend handwerkliche und technische Intelligenz, um seine Produktionsmittel zu vermehren und zu entwickeln.

Der Kapitalist versteht sich als Arbeitgeber und als Unternehmer. Von diesen beiden Funktionen hat er einen Begriff; einen verklärenden.

Wer kurzatmig von der Diktatur des Proletariats schwärmt, der findet es vielleicht überflüssig, sich noch mit dem Selbstverständnis des Kapitalismus abzugeben. Ich halte das für dringend notwendig, weil ich glaube, daß wir den Kapitalismus nicht an einem Losschlag-Tag los

[1] Alfred Sohn-Rethel, *Die soziale Rekonsolidierung des Kapitalismus*, in: *Kursbuch* 21, S. 34.

werden, sondern nur dadurch, daß wir ihm die Herrschaft über das Bewußtsein der wirtschaftlich Abhängigen entziehen.

Da Ihnen heute die Eintrittskarte in die Demokratie ausgehändigt wird, empfiehlt es sich, vom Verhältnis des Kapitalismus zur Demokratie zu sprechen.

Arnold Gehlen, der konservative Soziologe, sagte in einem Vortrag: »Wenn ich in meiner Erfahrung psychologisch charakteristische Eigenschaften von Unternehmern gefunden habe, so lagen sie eigentlich immer auf der Temperamentsebene. Strebsamkeit, Wagemut, Hang zur Unabhängigkeit. Das sind aber Minoritätseigenschaften, und sie sind, was nicht überflüssig ist zu bemerken, eben deswegen, weil sie Minoritätseigenschaften sind, unpopulär.«[2] In der Auffassung des Konservativen gibt es also geborene Unternehmer. In der Unternehmer-Zeitschrift *Junge Wirtschaft* werden aus diesem Befund die politischen Konsequenzen gezogen: »Der Unternehmer versteht sich selbst und seinesgleichen als ausgeprägte Individualisten, eine Eigenschaft, die er als Merkmal der Führungselite versteht. Eine kleine Gruppe sieht sich als Outsider der Gesellschaft, weil kollektive, plebejische und andere Tendenzen in der Massengesellschaft die Individualität des freien Unternehmers nicht mehr akzeptieren und ihn damit zum Außenseiter stempeln«.[3]

Soweit sind wir zum Glück, daß eine Gruppe, die sich als Führungselite versteht, sich gleichzeitig als Außenseiter verstehen muß. Erstaunlich bleibt aber, daß die Mehrheit der Bevölkerung sich von Außenseitern beherrschen läßt. So gut wie alle Verhaltensnormen sind – ob aus

---

[2] Arnold Gehlen, *Die Industrie und die Öffentlichkeit,* Rede auf der Hauptversammlung des Bundesverbandes der Pharmazeutischen Industrie, am 24. 5. 1967. Vervielfältigtes Manuskript, S. 2.
[3] Zitiert nach: *Berliner Extra-Dienst,* Nr. 84 vom 24. 10. 1970, S. 7.

Großmutters Mund oder aus dem Bürgerlichen Gesetzbuch – im Interesse dieser Außenseiter-Minderheit formuliert. Diese Außenseiter kommen aus mit einer geringen politischen Repräsentanz im Bundestag, in den Parteien. Sie haben allerdings mächtige Lobby-Residenzen in Bonn. Aber die spielen im Bewußtsein der Öffentlichkeit keine Rolle. Die Bevölkerung hält das Parlament für wichtiger, und im Parlament sitzen nachweisbar viel viel mehr Gewerkschaftsmitglieder als Unternehmer. Im 5. Bundestag waren (1967) von 521 Abgeordneten 242 Gewerkschaftsmitglieder oder -funktionäre. Trotzdem war es jedermann klar, daß die SPD im Dezember 68 ihren Mitbestimmungs-Vorschlag ohne jede Chance einbrachte. Jeder wußte, daß es sich hier nur um einen Alibi-Erwerb handelte.

Es sind zwei Momente der kapitalistischen Herrschaft, die diese Herrschaft so haltbar und so relativ unaufdringlich, d. h. so scheindemokratisch machen. Das ist, erstens, die mehr prinzipiell als wirklich vorhandene Möglichkeit, daß jeder in die herrschende Klasse aufsteigen kann und daß dieser Aufstieg nicht als Desertion, Überläufertum und Verrat gilt, sondern als schlechterdings ehrbarstes, wichtigstes, höchstes und heiligstes Lebensziel eines jeden Kleinbürgers oder Proletariers. Wenn dann ein Schlieker bankrott geht oder ein Münemann fast falliert, dann lassen unsere unabhängigen Tageszeitungen dick einfließen, daß diese Parvenüs eben doch Fehler machen, die zu unfein sind, als daß die klassische Sphäre der Hochfinanz sie noch länger hinnehmen könnte. Aber an solchen Fällen wird auch bewiesen, daß jeder den Marschallstab in der Aktentasche mit sich schleppe, es liege also nur an ihm. Daß die meisten Leute ihr Leben »unten«, in Abhängigkeit zubringen müssen, tritt in Illustrierten und im Fernsehen viel weniger zu Tage als die diensttuenden Glücksbiographien irgendwelcher Sorayen. Und eine raffinierte Notengebung von der Schule bis zur Pensionierung sorgt dafür, daß die, die »unten« zu bleiben haben, sich das selber zuschreiben. Das System gleicht also natürliche Ungleichheit nicht aus, sondern bewirtschaftet eben diese Ungleichheit, polarisiert die Bevölkerung, liest sich die heraus, die geeignet sind, das System zu stärken. Und aus dieser Praxis bezieht das System noch sein gutes Gewissen, deshalb nennt es sich Demokratie. Marx hat das geradezu als ein Gesetz erkannt: »Je mehr eine herrschende Klasse fähig ist, die bedeutendsten Männer der beherrschten Klasse in sich aufzunehmen, desto solider und gefährlicher ist ihre Herrschaft.«[4] Und nach all den feudalen Jahrhunderten wirkt es schon demokratisch, daß der Überläufer heute so ziemlich denken und sagen darf, was er will, wenn er nur im Wichtigsten, im Wirtschaftlichen, systemgerecht ist. Das ist das 2. Moment dieser Herrschaft; sie gründet sich vollkommen auf das Wirtschaftliche und tut, als kümmere sie der Rest nicht. Diese Herrschaft weiß aus Erfahrung, daß das Wirtschaftliche ohnehin alles andere beherrscht. Die Marxisten und die Kapitalisten sind da ganz einer materialistischen Meinung; die Kapitalisten tun nur so, als hielten sie Religion oder Politik oder Kunst für wichtiger oder wesentlicher als ihre eigene wirtschaftliche Tätigkeit. Es gibt zwar Unternehmer, die von ihrer eigenen Tätigkeit gering denken, viel lieber möchten sie Symphonien komponieren oder wenigstens dirigieren, aber jenseits dieser Sonntagsanfechtungen stehen sie dann doch ihren Mann als Produktionsmittelbesitzer und halten andere in Abhängigkeit und Entfremdung.

Jahrelang hat es so ausgesehen, als sei es dem Kapital ge-

---

4 Karl Marx, *Das Kapital*, Berlin 1953, Bd. III, S. 649.

lungen, eine Weiter-Entwicklung dieses Zustandes völlig zu stoppen. Im Augenblick sieht es so aus, als könne die Mitbestimmungsforderung nicht dauerhaft unterdrückt werden. Sie, meine Damen und Herren, werden mit darüber entscheiden, ob Demokratie in unserer Gesellschaft etwas für den Feierabend und eine Lizenz für Spezialkarrieren bleiben soll oder ob sie werktäglich und allgemein werden kann. Sie werden mit darüber entscheiden, ob der Unterschied zwischen schönen Demokratie-Formeln und demokratieferner Realität so grotesk und skandalös bleiben soll, wie er momentan ist. Dieser groteske und skandalöse Unterschied zwischen Anspruch und Wirklichkeit wird nur deshalb nicht mehr als grotesk und skandalös empfunden, weil er alltäglich ist, weil man uns daran gewöhnt hat. Ich halte es für grotesk und skandalös, daß die Arbeitswelt, also der Bereich der Wirklichkeit, in dem die meisten Bürger ihre meiste Zeit und Kraft lassen, aus der Demokratie ausgeklammert wird. Im *Industriekurier* stand: »Die Demokratisierung der Wirtschaft ist so unsinnig wie eine Demokratisierung der Schulen, der Kasernen oder der Zuchthäuser.«[5] Ich habe schon einmal vor Jungbürgern gesprochen und sie aufgefordert, sich mit diesen Verhältnissen nicht zufrieden zu geben. Daraufhin wandte sich der Chefredakteur einer Unternehmerzeitschrift nun seinerseits an die Jungbürger, und zwar so: »Natürlich können Sie kritisch, skeptisch und von mir aus auch unruhig sein – das ist sicher ergiebiger als Sonntag für Sonntag durch die Straßen zu ziehen und heldische Lieder zu singen, wie ich es noch mußte. Aber unzufrieden? Das – finde ich wenigstens – ist kein guter Rat und viel weniger noch ein guter Start. Unzufriedenheit verkauft sich schlecht, und verkaufen *müssen* Sie sich,

---

[5] Zit. nach: *Kritik der Mitbestimmung* von Frank Deppe u. a., Frankfurt 1969, S. 180.

d. h. Sie – wir alle – müssen etwas *leisten,* wenn Sie es zu etwas bringen wollen.«[6] Deutlicher kann man es nicht sagen. Erstaunlich bleibt, daß die Kapitalisten und ihre Funktionäre solche Geständnisse machen, ohne selber zu erschrecken. Das ist, glaube ich, die Abstumpfung, die Herrschaft mit sich bringt. Oder ist es vielleicht nicht erschreckend, daß der mächtigste, größte, wichtigste Bereich unserer Wirklichkeit ein Sondergesetz für sich beansprucht und mit Demokratie nichts zu tun haben will?

Ich will Ihnen an einem Beispiel vorführen, wie so etwas gerechtfertigt wird. In einem Informationspapier des »Verbandes der chemischen Industrie e. V.« zum Thema Mitbestimmung (Nr. 8) wird erklärt, daß Macht und Herrschaft ausgeübt werden nach »rechtlicher Regelung«, die durch das Parlament erlassen werde und die differenziert sei, »entsprechend den Aufgaben und Funktionen der jeweiligen Sozialgebilde«. Dann heißt es: »Es gibt kein allgemein gültiges rechtliches Prinzip zur Regelung von Weisungsrechten. Die bisherigen rechtlichen Regelungen gehen vielmehr von der Tatsache aus, daß der Staat etwas anderes ist als ein Wirtschaftsbetrieb, dieser etwas anderes als die Schule, diese wiederum etwas anderes als das Militär, die Familie oder Universität. Die Regelungen erfolgen sachbezogen.«[7] Das heißt also: eine Gesellschaft fällt in verschiedene Bereiche und in diesen verschiedenen Bereichen kann wegen der unterschiedlichen Funktionen dieser Bereiche nicht einerlei Demokratie herrschen, und das Parlament hat diese Jenachdem-Demokratie zu legitimieren. Es ist ganz klar, daß hier die Wirtschaft wieder ihren außerdemokratischen Sonderbereich verlangt. Und

---

6 Dr. Jürgen Heinrichbauer, *An die Friedrichshafener Jungbürger,* in: *Der Arbeitgeber,* 1967, Nr. 18, S. 500. Hervorhebungen im Original.
7 *Chemie zur Mitbestimmung,* Nr. 8, Frankfurt 1970. (Vervielfältigtes Manuskript.)

zwar wegen ihrer Funktionen. Das wird so begründet: »Bei Institutionen, die nicht nur den Zwecken ihrer Mitglieder dienen, sondern weitergehende Aufgaben wahrnehmen, die auch Menschen außerhalb des betreffenden Sozialgebildes betreffen, ist der Gedanke, daß die leitenden Personen eines solchen Organismus ihre Legitimation gegenüber den weisungsgebundenen Personen ausschließlich von deren Zustimmung ableiten, undurchführbar. Eine solche allgemeine Regelung wäre nicht funktionsgerecht.«[8]
»Die gesamtwirtschaftliche Funktion, die ein optimales Wirtschaften erfordert, ist Legitimation und Strukturprinzip für die Organisation der Leitungsmacht im Unternehmen.«[9]
Die »gesamtwirtschaftliche Funktion« ist also jetzt die heilige Kuh, die die Legitimation für die Abwehr der Demokratisierung liefern soll. So wie man uns in den ersten 15 Jahren jede Möglichkeit staatlicher Wirtschaftstätigkeit, jedes planerische Instrumentarium, jeden Zweifel an den Selbststeuerungs- und Selbstheilungskräften der Wirtschaft mit Diffamierung und mit Androhung des nationalen Ruins beantwortete, so wird jetzt die »gesamtwirtschaftliche Funktion« zum Sonderwesen stilisiert, das man zerstöre, wenn man demokratische Prinzipien auf es anwende. Die Antwort der Eigentümer war und ist immer erpresserisch.
In dem Papier des Chemie-Verbandes heißt es: »Die Forderung, politische Prinzipien auf *alle* Lebensbereiche zu übertragen, führt zur totalen Politisierung. Derartige Forderungen sind mit dem Grundgedanken der freiheitlich-rechtsstaatlichen Demokratie nicht vereinbar. Sie lassen außer acht, daß wesentliche Bereiche der Gesellschaft mit

---

[8] *Chemie zur Mitbestimmung*, a.a.O.
[9] *Chemie zur Mitbestimmung*, a.a.O.

Politik nichts zu tun haben und deshalb auch nicht politisiert werden dürfen.«¹⁰
So formuliert sich eine Ideologie, die ein paar Seiten vorher ihre Unantastbarkeit durch Demokratie mit ihrer »gesamtwirtschaftlichen Funktion« legitimieren wollte. Ist denn diese Funktion nicht durch und durch politischer Art, verdankt sie denn ihre gegenwärtige Möglichkeit und ideologische Verabsolutierung nicht einer politischen Verabredung? Der Chemie-Verband will seine Unternehmer zur Abwehr demokratischer Bestrebungen mit Grundgesetz-Munition ausstatten: »Eines ist allerdings für die freiheitlich-rechtsstaatliche Demokratie wesentlich, nämlich die prinzipielle Trennung von staatlicher und privater Sphäre. Die freiheitlich-rechtsstaatliche Demokratie hat sich durch die Anerkennung der grundrechtlichen Gewährleistungen für eine private Freiheitssphäre entschieden. und gegen den Totalitarismus jeder Art ausgesprochen. Das Betreiben eines Gewerbes gehört zu der grundrechtlich anerkannten Privatsphäre und ist keine öffentliche Angelegenheit.«¹¹
Das Betreiben von Firmen wie BASF, Bayer und Farbwerke Hoechst gehört also zu der »grundrechtlich anerkannten Privatsphäre und ist keine öffentliche Angelegenheit«. Es müßte diesen Ideologen doch zu denken geben, daß das Wort »privat« im Grundgesetz überhaupt nicht vorkommt.
Was für einen Begriff diese Interessengruppen von Demokratie haben, geben sie unumwunden bekannt: »Verfassungsrechtlich besteht Einigkeit darüber, daß der Begriff der Demokratie sich nur auf den staatlichen und sonstigen öffentlichen Bereich bezieht, nicht aber auf den ge-

---

10 *Chemie zur Mitbestimmung*, a.a.O.
11 *Chemie zur Mitbestimmung*, a.a.O.

sellschaftlichen Bereich.«[12] Damit ist haargenau der groteske und skandalöse Zustand unseres Gemeinwesens bezeichnet, damit ist genau der Grund für alle gegenwärtige Unruhe bezeichnet, die nämlich entstanden ist, weil Demokratie bei uns eingeschränkt wurde auf eine Wahlkampf-Schau und Parlaments-Darbietung; so degenerierte sie sehr schnell zu einer pluralistischen Schauveranstaltung.

So sehr die kapitalistischen Herrschaftsbereiche sich jede Demokratie verbitten, so sehr regieren sie mit Hilfe ihrer wirtschaftlichen Macht in den politischen, staatlichen, gesellschaftlichen Bereich hinein. Fritz Berg, Industrieller und Präsident des BDI, sagte: »Wir Geschäftsleute können die Verhandlungen unserer Regierungen fördern oder scheitern lassen.«[13] Noch etwas zynischer formulierte in der FAZ der konservative Theoretiker Prof. Albert Hahn: »Regierungen und Sachverständige denken, aber die einzelnen Wirtschaftssubjekte lenken – jedenfalls in einer noch immer im wesentlichen freien Marktwirtschaft.«[14] Auch das ist erstaunlich genau und offen formuliert: die gewählten Politiker und Sachverständigen sind die Menschen, die denken, die Kapitalisten sind die Götter, die lenken. Ihnen darf die Demokratie nicht dreinreden, sie hat nur die Geschäfte zu garantieren, die Arbeiter bei Laune zu halten, die Infrastruktur zu besorgen, die Exporte zu sichern, die Währung zu pflegen, die Steuergesetze vorteilhaft zu machen, kurzum: Marktwirtschaft, d. h. Profit zu ermöglichen. Denn, so heißt es in der Zeitschrift *Junge Wirtschaft*: »Ohne Marktwirtschaft keine Demokratie. Ohne freies Unternehmertum keine Markt-

12 *Chemie zur Mitbestimmung*, a.a.O.
13 Fritz Berg, zit. nach: *Kritik der Mitbestimmung*, a.a.O., S. 143.
14 Prof. Dr. Albert Hahn, *Der kommandierte Aufschwung*, in: *Frankfurter Allgemeine Zeitung*, 10. 5. 67, S. 17.

wirtschaft. Der Unternehmer ist so gesehen – ungewollt – eine Schlüsselfigur der freien Welt und einer freiheitlichen Gesellschaftsordnung. Seine Verantwortung überschreitet damit die Grenzen seines Betriebes erheblich. Sein Tun und Handeln oder seine Unterlassungssünden setzen politische Daten.«[15] Das ist jene schon raffinierte Wirrnis des Kapitalismus: auf der einen Seite will er seine Arbeitswelt politik- und demokratiefrei, auf der anderen Seite leitet er aus seiner wirtschaftlichen Bedeutung politische Rechte über die Gesamtgesellschaft ab.

Das ist die Lage, die Ihnen zur Veränderung oder Konservierung angeboten wird. Sie werden wahrscheinlich nie mehr so abstrakt, so unreal zusammenkommen wie heute. Sie werden entweder auf der Seite des Kapitals oder auf der Seite der Arbeit sein. Eine Aufhebung des Widerspruchs zwischen Kapital und Arbeit wäre Demokratie.

Ich will die Mentalitäten dieser zwei Seiten noch einmal aktuell illustrieren. In einem Wirtschaftspressedienst kann man lesen: »Vorweg ein *Steuer*-Tip zur Schenkungs-Welle in der Bundesrepublik: *Private Liegenschaften verkaufen Sie Ihren Erben oft mit Vorteil zum Verkehrswert,* statt sie per Schenkung zu übertragen: Ihr Erbe kann vom Gestehungswert ›neu‹ abschreiben und macht damit die später anfallende Erbschaftssteuer oft mehr als wett (...) genau gesagt kann er die Geldentwertung um soviel besser kompensieren, daß er dafür meist gern die Erbschaftssteuer-Belastung in Kauf nehmen wird (die Grunderwerbssteuer entfällt bei Verkauf innerhalb der Familie): *Die Abschreibung kann z. B. von 5000 auf 180 000 DM steigen,* wenn eine Liegenschaft, vor vielleicht 10 Jahren zu 500 000 DM erworben und inzwischen nach § 7 c EStG

---

15 Zit. nach *Berliner Extra-Dienst,* a.a.O., S. 9.

auf die Hälfte abgeschrieben, zu 900 000 DM weitergegeben bzw. verkauft wird. Das bedeutet eine jährliche Gewinn-Minderung von 13 000 DM. Statt daß der Liegenschaften-Erbe in der jährlichen Ertrags-Rechnung chronisch daraufzahlt, geht seine Rechnung ungefähr auf.
Wenn die Geldentwertung so weitergeht, wird mein Sohn dasselbe nochmals mit seinen Erben durchspielen müssen, sagt uns dazu ein Unternehmer, der sich mit privatem Liegenschaften-Erwerb über lange Jahre hinweg systematisch ein ›zweites Bein‹ schuf.«[16]
Arnold Gehlen hat vorgeschlagen, die »unternehmerische Erfindung« (so bezeichnet er zusammenfassend die unternehmerische Leistung) als Entfaltung der Persönlichkeit nach Artikel 2 (des Grundgesetzes) unter den Sonderschutz der Verfassung zu stellen. Das fände ich auch sehr schön, insbesondere, wenn dabei der Artikel 2 gewahrt bleibt, da heißt es nämlich, daß »nicht die Rechte anderer verletzt« werden dürfen. Dazu und damit auch zur Illustration der Seite der Arbeit eine Zeitungsnotiz: Fünfmal und immer auf verschiedene Art versuchte ein siebzehnjähriger »Kraftfahrzeugmechanikerlehrling« seinen Lehrherrn zu töten. »Sein größter Wunsch war, die Werkstätte selbständig zu führen.« Als der Mord nicht gelang, bat er seinen Vater, der Bauer ist, zuhause die Scheune abzureißen; er wollte eine Tankstelle mit Werkstätte bauen. Der Vater lehnte ab. Also zündete der Junge die Scheune an. Um den Verdacht von sich abzulenken, zündete er ein paar Tage später einen Hof in der Nachbarschaft an.
Das sind die zwei Seiten, der fundamentale Widerspruch in unserer Gesellschaft. Hier das virtuose Geschick, die schwachen Versuche des Staats, etwas Einkommensgerech-

---

16 *Zürcher Wirtschaftsbrief*, Bernd W. Beckmeier, Nr. 40 a, 8. 10. 1970, S. 1.

tigkeit herzustellen, leer laufen zu lassen; dort: der zur Krankhaftigkeit gesteigerte Schrecken vor der Abhängigkeit in unseren Verhältnissen. Es gibt zwischen diesen beiden Seiten nur Scheinversöhnungen. Trotzdem glaube ich nicht, daß die sogenannte Diktatur des Proletariats die wünschenswerte Lösung wäre. Ich halte die mechanische Benutzung solcher Formeln für eine Art der Selbstbefriedigung. Es *muß* einen demokratischen Sozialismus geben. Der hat allerdings momentan in keiner der großen Parteien einen Anwalt. Aber wenn Sie alle Parteiprogramme und -praktiken untersuchen, werden Sie ohne Mühe feststellen, wo er am ehesten zu erhoffen, beziehungsweise zu entwickeln wäre; ganz von selbst entsteht er ja nicht; er ist zwar als Befreiungstendenz die natürliche Tendenz der menschlichen Geschichte; aber jeder, der zur Macht gekommen ist, versucht die Geschichte einzuschläfern; jede herrschende Klasse versucht, ihre Herrschaft als das Ziel der Geschichte hinzustellen; momentan versuchen das einträchtig SPD und CDU.

Wie einst kein Heil sein sollte außerhalb der alleinseligmachenden Kirche, so wird heute mit Unheil bedroht, wer den Schoß dieser Parteien nicht für allumfassend hält. Systemimmanenz, Boden des Grundgesetzes, freiheitlich-rechtsstaatliche Demokratie... mit solchen tabuisierten Formeln sollen wir fügsam gemacht werden. Das gelingt je länger je weniger. Nach 15 Jahren antisozialistischer Propaganda und Pression ist das Bedürfnis nach demokratischem Sozialismus seit 1960 jedes Jahr lebendiger und mächtiger geworden. Es besteht die Gefahr, daß dieses Bedürfnis zum Generationskonflikt zwischen Jung und Alt umgefälscht wird. Es besteht die Gefahr, daß die Gesellschaft Ihren Bedürfnissen eine politisch folgenlose Abfuhr verschafft. Der Ruf ›Paradise Now‹ könnte aus einer Public-Relations-Zentrale des Großkapitals stammen. Billiger

können wir unsere Rechte und Hoffnungen gar nicht verkaufen als an ein sofort ins Haus lieferbares Paradies.
Sie, meine Damen und Herren, sollen von jetzt an dazu beitragen, daß der Laden immer so weiterläuft. Sie sind zwar in sehr unterschiedliche Schulen geschickt worden, Sie werden deshalb auch unter sehr ungleichen Bedingungen arbeiten, aber heute soll das keine Rolle spielen, heute kriegt jeder von Ihnen den gleichen Jungbürgerbrief. Ich rate Ihnen, diese Geste für eine Geste zu halten. Dieser Jungbürgerbrief ist vorerst nichts als eine Formsache. Mehr wäre er nur, wenn draußen, am Werktag, in der Arbeits- und Wirtschaftswelt tatsächlich schon Demokratie herrschte, d. h. wenn alle schon in die gleiche Schule gingen und danach alle unter gleichen Bedingungen arbeiteten; wenn zumindest die Bedingungen schon so wären, daß durch sie natürliche Unterschiede nicht mehr forciert und ausgebeutet, sondern gemildert und humanisiert würden. Das ist noch nicht der Fall. Und die Funktionäre des großen Kapitals verkünden es frei heraus, daß sie die erwünschte, die praktische Demokratie verhindern wollen. Und solange ihnen das gelingt, sind Ihre Jungbürgerbriefe schönes Papier. Für den *wirklichen* Wert dieses Papiers müssen Sie selber sorgen.

(1970)

Heimatbedingungen

In der alemannischen Mundart ist »Heimat« nicht eine Gegend, sondern das Haus, das den Eltern gehörte; das erbte dann einer, der zahlte die anderen aus, der bleibt auf der »Heimat«, die anderen haben dann keine mehr, es sei denn, sie gründeten selber eine, das wird dann eine Heimat nicht für sie, aber für ihre Kinder. Für den Untermieter ist in dieser Mundart keine »Heimat« vorgesehen. Es wird diesen naturwüchsigen Heimatwert nicht mehr lange geben. Eine entwickelte Gesellschaft muß den Staat zur Heimat für alle ausbilden. Dazu müssen alle an diesem Staat beteiligt sein. Und zwar, ohne alle Umschweife, als Besitzende. Wo man nicht besitzt, hat man nichts zu sagen. Wo man nichts zu sagen hat, wird einem das wichtigste aller Menschenrechte vorenthalten: das der Selbstbestimmung. Die Kapitaleigner wissen das sehr genau. Alle Diskussionen um die Mitbestimmung am Arbeitsplatz lassen sie an diesem Punkt auflaufen: wer das Kapital investiert, darf nicht überstimmbar sein, der muß zu sagen haben, was gemacht wird und was nicht. Ein kapitalistischer Staat ist schon Heimat für die Besitzer der Produktionsmittel. Dieser Staat sorgt für sie. Sie selber haben auf diesen Staat mehr Einfluß als die Lohnabhängigen. Ihnen gehören auch die Produktionsmittel, mit denen die Meinung produziert wird, daß dieser Staat der beste ist, den es je gegeben hat. Natürlich muß dieser produzierten Meinung auch etwas Wirklichkeit entsprechen. Tatsächlich kann seit dem Beginn der industriellen Revolution fast jedes Jahrzehnt von sich sagen, daß es bessere Lebensbedingungen biete als seine Vorgänger (wenn man einmal von den jeweiligen Kriegs- und Kriegsfolgejahren absieht). Die Erde ist immer bewohnbarer geworden. In der Bundesrepublik geht es wahrscheinlich gerechter zu als je in einem deutschen Staat vorher. Ziemlich dreist behaupten die Besitzer der Meinungsproduktion, das sei dem System der sogenannten freien oder sozialen Marktwirtschaft zu verdanken. Die Masse der Bevölkerung hat von ihrem wirtschaftlichen Geschick so gut wie keine Ahnung. Selbst in den privilegierten Schulen dieser Gesellschaft lernt man nichts über die Machbarkeit des wirtschaftlichen Verlaufs. Später wird man dann zum Adressaten gezielter Verlautbarungen über den wirtschaftlichen Prozeß. Man hört diese Nachrichten über Währungskrisen, Auf- oder Abwertungen, Diskonterhöhungen usw., als handle es sich um den Wetterbericht. Wie beim Weter soll man denken, daß man allenfalls ein bißchen Einsicht in den Verlauf erwerben, aber daß man das Wetter natürlich nicht machen kann. Dazu kommt, daß die Wirtschaftsgewaltigen der Bevölkerung einhämmern lassen, man könne den Bereich, in dem produziert wird, also den Arbeitsbereich, den Bereich, in dem die meisten die meiste Zeit verbringen, den könne man nicht demokratisieren. Wer das wolle, der zerstöre die Funktionsfähigkeit der Industrie, und damit unser aller Basis. Das heißt, die meisten von uns sollen für immer ohne Selbstbestimmung bleiben. Und das aus einem geradezu naturgesetzlichen Zwang. Nur einer kann das Sagen haben: der Kapitalgeber. Alle anderen bleiben Objekt.

Die Mittel, mit denen sich die Wirtschaftsgewaltigen den Staat untertan halten, sind nur vergleichbar mit den Mitteln, mit denen früher die Kirche den Staat gefügig machte: ein Sortiment, das zwischen Erpressung und Verführung keine Nuance ausläßt. Widerlegungen der konservierten wirtschaftlichen Herrschaftsdogmen gibt es jede Menge.

Auch schon innerhalb des herrschenden Systems. Wenn

man, z. B., zu Adenauer-Erhards Zeiten behauptet hat, daß die Erhardschen Selbstheilungskräfte der Wirtschaft nicht ausreichen, die sogenannte Wirtschaftsordnung zu erhalten, dazu bedürfe es vielmehr genauer staatlicher Interventionen, also planwirtschaftlicher Maßnahmen, dann war man damit vor 10 oder 15 Jahren ein Kommunist, heute kann man das in jeder großbürgerlichen Zeitung lesen. Und so werden wir auch noch mit dem Dogma fertig werden, daß nur die Kapitaleigner, bzw. ihre Funktionäre, verantwortungsfähig seien. Einfach weil dieser Staat nicht nur die Heimat von 50 000 oder 100 000 Privilegierten bleiben darf.

Aber welche Aussichten haben wir momentan?

Es war einmal, in den Sechzigerjahren dieses Jahrhunderts, da sah es so aus, als gerate durch den Protest der Studenten die ganze westliche Gesellschaft in Bewegung. Ein Bedürfnis nach mehr Demokratie schien unabweisbar vorhanden zu sein. Inzwischen sind wir wieder zur Tagesordnung übergegangen. Das sieht man daran, daß die Intellektuellen, die sich in den Sechzigerjahren in der *Zeit* und im *Spiegel* als Linke vernehmen (oder wenigstens verspüren) ließen, jetzt wieder furchtlos als Liberale auftreten. Von der Bewegung der Sechzigerjahre schreiben sie jetzt recht distanziert, als hätten sie nie damit auch nur sympathisiert. Jetzt sind das nur »antiautoritäre Traumspiele« (Reinhard Baumgart) gewesen. Als politische Hausaufgabe ist sowieso nur etwas geblieben, was allein von Pragmatikern gelöst werden kann, und nicht von Leuten mit linkem Schaum vor dem Mund. Diesen scheinbar windstillen Zustand konstatieren sie in um so zufriedenerem Ton, als wir doch einen Staat erleben, der zu einem Teil sozialdemokratisch regiert wird. Und zum vollen Glück dieser Intellektuellen enthebt der liberale Koalitionspartner die SPD auch noch der Notwendig-

keit, sich sozialpolitisch bekennen zu müssen. Das heißt: die angesehensten Intellektuellen dieser Republik, die sogenannten führenden Geister, sind offenbar mit diesem Staat sehr zufrieden. Ihre Waffen richten sie nach links und rechts und nennen den Gegner am liebsten links- oder rechtsradikal, und am allerliebsten werfen sie diese Links- und Rechtsradikalen auf einen Haufen, den sie dann auch noch gleich vom Boden des Grundgesetzes stoßen, hinaus ins Niemands- bzw. Outlaw-Land. Das passiert täglich in allen bürgerlichen Zeitungen, von der *Süddeutschen Zeitung* bis zur *Welt,* einträchtig. Und auf allen Bildschirmen von Merseburger bis Löwenthal. Und in allen Kolumnen von Grass bis Thilo Koch. Und in allen Kritiken von Baumgart bis Reich-Ranicki. Verblüffend ist immer wieder, daß die Literaturkritiker ganz offensichtlich der Meinung sind, sie versähen ihr Urteilsgeschäft nach literarischen Maßstäben. Vielleicht kommt das von ihrer völligen Übereinstimmung mit der herrschenden Ideologie. Einen Schuh, in den man vollkommen paßt, spürt man nicht. Allerdings: das Einverständnis unserer führenden Intellektuellen mit dem sozial-liberal geführten Staat wird mehr erschließbar aus den feindseligen oder verächtlichen oder höhnischen Tiraden gegen die sogenannten Links- und Rechtsradikalen als durch positives Bekenntnis. Wenn die Schreibenden unter diesen Intellektuellen ihr positives Verhältnis zu diesem Staat auszudrücken versuchen, führt das rasch zu nichts als Gedöns und gespreizter Behäbigkeit. (Siehe die Kolumnen.)
Das allen Gemeinsame dürfte eine Art SPD-FDP-Pragmatismus der Art sein: Bloß keinen Franz Joseph Strauß und bloß keinen Sozialismus, über alles andere können wir reden. Und zum Glück sind die unruhigen Jahre vorbei, wo man für diesen »Pragmatismus« als Scheißliberaler beschimpft werden konnte!

Nun ist längst und international nachgewiesen, daß eine sozial-liberale Wirtschaftspolitik in der Schillerschen Art die Geschäfte des Kapitalismus bei weitem erfolgreicher führen kann als die konservative Art. Das ist von den Nachfolgern John Maynard Keynes' theoretisch auf beiden Seiten des Atlantik vorgerechnet worden. Praktisch wurde es in den USA vorexerziert durch die Regierungen Kennedy-Johnson, die die US-Wirtschaft aus der Rezessionen-Klemme herausführten, in die sie durch die konservative Eisenhowerregierung geraten war. Der Rechts-Keynesianer Schiller ist der vom Kapital akzeptierte Sozialdemokrat par excellence, das kann man in den Blättern der Industrie nachlesen. Sorge bereitet dem Kapital nur die Frage, ob sich die SPD ganz und gar in Schillers Richtung entwickeln werde oder ob man noch mit Jusos zu rechnen habe.

Mir ist nicht bekannt geworden, daß unsere Intellektuellen in dieser wichtigsten SPD-Frage Partei ergriffen hätten zur Stärkung des linken Flügels. Das heißt, unsere führenden Intellektuellen scheinen damit einverstanden zu sein, daß unserer Entwicklung zur Demokratie die Grenzen gesetzt werden, die der Kapitalismus einer Demokratie setzt. Die einzelnen Industrieverbände machen keinen Hehl aus diesen Grenzen. Keine Demokratie am Arbeitsplatz! Das ist die Grenze. Es gibt eine SPD, die hat mit dieser Grenze ihren Frieden gemacht. Und es gibt eine SPD, die wird diese Grenze nicht anerkennen. Welche SPD meinen unsere Intellektuellen in *Zeit, Spiegel, ARD* usw.? Links- und Rechtsradikale zu ernennen, um dann als angeekelter Pragmatiker seine Identität zu finden, ist doch der Versuch, der wirklichen gesellschaftlichen Spannung dieses Jahrzehnts zu entgehen durch eine vorschnelle Fusion mit einem Regierungsprogramm. Diese Fusion verstehe ich allenfalls bei einem wirklichen Pragmatiker, also bei einem, der täglich im Ministerium in der Auseinandersetzung mit den Sachen seine Hoffnungen begradigen muß. Aber Intellektuelle wären doch eher dazu da, eben den Anspruch aufrecht zu erhalten, den die Pragmatiker allmählich aufgeben. Der Grundwiderspruch zwischen Kapital und Arbeit ist so ungelöst als wie zuvor. Wir haben seit 1969, eigentlich seit Ende 1966, nur weitere eindrucksvolle Beweise dafür erlebt, daß die Funktionäre des Kapitals nur Mundbewegungen machen, wenn sie sich auf einen Dialog einlassen, der um der Erweiterung der Demokratie willen geführt wird. Selbst wenn es dem Kapital nicht um Herrschaft ginge, sondern nur um die zu seiner Vermehrung funktionierende Wirtschaft, so wäre es doch durch eben dieses Interesse zur Herrschaft gezwungen.

Christentum z. B. ist auch ohne Herrschaft vorstellbar, Kapitalismus nicht. Ohne Herrschaft, also ohne die Möglichkeit, die Entwicklung zur Demokratie am Fabriktor zu stoppen, hat der Kapitalismus keine Chance.

Kann ein Staat, der dem Kapital den Dienst tut, diese gestoppte Demokratie zu legitimieren, von Intellektuellen schon als Heimat empfunden werden? Intellektuelle sind in aller Regel nicht Besitzer von Produktionsmitteln. Sie sind abhängig von den Funktionären der Produktionsmittelbesitzer; abhängig von den Funktionären öffentlich-rechtlicher Körperschaften. Die Funktionäre sind Intellektuelle im Dienst des bestehenden gesellschaftlichen Verhältnisses. Man kann oft genug erfahren, daß ein Intellektueller, der sich jahrelang den Erfordernissen dieses Dienstes anpassen muß, entweder ein virtuos vielstimmiger Zyniker wird, oder er verwaltet nur noch stumm, oder – und das sind die erfolgreichsten – er wird ein Fanatiker des herrschenden Interesses, also ein besonders scharfer Wächter über den anderen Intellektuellen, dem er das

Produktionsmittel nur so weit zur Verfügung stellt, als es das von ihm so genannte gesellschaftliche Interesse erlaubt. Am liebsten benutzt er dazu auch jene Elle, mit der man bestimmt, wer noch auf dem Boden des Grundgesetzes steht und wer nicht.

Je höher gestellt die Funktionäre sind, um so schärfer vertreten sie das Interesse der Gesellschaft konservativ. Das kommt vielleicht schon von der Bezahlung. Es gibt in den oberen Rängen der Meinungsindustrie Gehälter, die wenig mit Bezahlung, dafür um so mehr mit Bestechung zu tun haben. Mucius Scaevola hat seine Hand ins Feuer gelegt. 30 000 Mark Monatsgehalt hätte auch er nicht ausgehalten. Der Intendant, der Programmdirektor, der Cheflektor, der Chef des Feuilletons, der Wirtschaftsredaktion, der Innenpolitik, sie alle haben diese Posten bekommen oder behalten, weil sie bewiesen haben, daß sie die gestoppte Demokratie für die richtige halten. Sie bezeichnen den erreichten gesellschaftlichen Zustand ja nicht mit der Formel »gestoppte Demokratie«, sondern sagen dazu »freiheitlich-rechtsstaatliche Demokratie« usw., also sehen sie auch wahrscheinlich nur noch da und dort kleine Schönheitsfehler und tun ihre Pflicht freiwillig. Ein schöner Zustand. Friedrich Schiller hat von sowas geschwärmt. Also für alle Intellektuellen innerhalb oder außerhalb der Apparate, für die das hiesige Verhältnis von Kapital und Arbeit schon ein demokratisches ist, muß der gegenwärtige Staat heimatlich sein. Für die anderen ist er das noch nicht. Für die ist dies ein Klassenstaat. In seiner Justiz. In den Steuergesetzen. In seiner Begünstigung der Wirtschaftsverbrechen, die er einem »Nebenstrafrecht« überläßt. In seiner Züchtung einer Gewissenlosigkeit gegenüber dem Gemeinwohl. In seiner Einschränkung des Ethischen auf das Individuelle. In der Verteilung des Sozialprodukts. In seiner weltweiten Parteinahme. In seinen Bündnissen. Er ist

kein faschistischer, kein revanchistischer Staat. Wer das behauptet, macht sich des Irrtums oder der Verleumdung schuldig, da die faschistischen und revanchistischen Gruppen, die es gibt, beileibe nicht den Staat ausmachen. Dieser Staat hat eine Verfassung, die aus ihm einen demokratischen Staat machen könnte. Dazu bräuchte man keine blutige Revolution. Man müßte – zum Anfang – bloß genügend Leute finden, die die Verfassung ernst nehmen. Aber die findet man nicht leicht in einer Gesellschaft, in der die Meinung beherrscht wird von denen, die das Interesse haben, diesen Staat nicht zu der in der Verfassung gemeinten Demokratie werden zu lassen, weil das ihre Herrschaft, also ihre Aneignungsprivilegien beendete. Fernsehen, Rundfunk und Zeitungen sind zur Zeit einem Angriff von rechts ausgesetzt; sie sollen in den Dienst des konservativen Interesses gestellt werden, das sich jetzt auch noch von rechten Sozialdemokraten bedienen läßt.
Es wird vor allem an den Intellektuellen liegen, ob die antidemokratische Tradition der deutschen Konservativen von Bismarck bis Adenauer sich jetzt auch in der SPD durchsetzen kann. Es wird vor allem an den Intellektuellen liegen, ob dieser Staat Heimat nur für eine Minderheit bleiben soll. Sie können sich natürlich rasch versöhnen lassen mit dem Zustand, können sich mit der SPD an der Macht glauben und durch mancherlei Teilhabe rasch zu einer Art Heimat kommen. Sie schlügen sich dadurch auf die Seite der herrschenden Klasse. Diese sinnliche und intellektuelle Erfahrung kann ihnen die SPD Karl Schillers nicht abnehmen. Wäre nicht uns und der SPD besser gedient, wenn wir uns der schnellen Versöhnung und Teilhabe widersetzten, wenn wir draußen blieben bei denen, die unter minderem Recht existieren? Nicht gleich als deren »externe Avantgarde« oder Ehrenproletarier.
Da wir Arbeiter in der Meinungsproduktion sind, also

Abhängige, also »Heimatlose«, haben wir die Aufgabe, andauernd das demokratische Manko auszurufen. Und das ist keine Kleinigkeit. Das Manko ist immer noch groß und grundsätzlich. Mit dieser oder jener kleinen kosmetisch-pragmatischen Operation ist es nicht getan.
Also wird es hart auf hart gehen. Aber die Gewalt kann nicht von der Seite der Linken ausgehen, sie haben keine. Gewalt und Repression sind rechts zuhause. Das durch die SPD geschaffene gute Gewissen erlaubt dem bürgerlichen Machtapparat immer schärfere Mittel gegen Linke. Die koordiniert wirkenden Maßnahmen gegen DKP-Mitglieder und -Sympathisanten in verschiedenen Bereichen der Gesellschaft sind ein Beweis für die verfassungsfremden Mittel, die man einsetzen wird, um bei der Befestigung der gestoppten Demokratie keinen Störungen mehr ausgesetzt zu sein. Aber so schwach und zerstritten die Linken sich in diesen Siebzigerjahren vorfinden, schwächer als die, die durch mutlose Verbote und miese Verschwörung die Entwicklung aufhalten wollen, sind sie nicht. Gibt es etwas Verrückteres als den Versuch, das Gegenwärtige zum Zukünftigen zu machen? Heimat ist ein Zeitwort, ein Prozeßbegriff, denkbar nur als vergangene oder als zukünftige. Daß jemand sich mit dem jetzt Angebotenen auch für die Zukunft abfindet, beweist nur, daß er einen zu bescheidenen Begriff von Heimat hat. Den hat man ihm beigebracht.
Aber was wäre das für eine Heimat, in die nicht alle aufgenommen werden könnten? Ein Staat als Heimat nur für Leute, die besonders gut mit Kapital und mit Sprache umgehen können! Die Intellektuellen bedienen die Massenmedien, um die Massen im Interesse des Kapitals bei guter Laune zu halten. Sportler und Intellektuelle besorgen dieses Freizeitgeschäft und werden dafür gut gehalten. Die wichtigste Aufgabe der Intellektuellen in dieser Funk-

tion, in der sie von Marx als »konzeptive Ideologen« bezeichnet wurden, ist es, den geschichtlichen Prozeß als Schicksal darzustellen, die moderne Welt als undurchschaubar, den Menschen als etwas Unverbesserliches. Und das auf jedem Niveau, täglich hunderttausendmal. In der *Bild*-Zeitung oder im König Lear von Edward Bond. Am besten dienen die Intellektuellen der Herrschaft des Kapitals, die jede Art von sogenanntem Pessimismus produzieren. Die Menschen ein Geschmeiß, das Leben ein nasser Quatsch und die Erde eine rotierende Sinnlosigkeit: so hat man's am liebsten. Bei der Veranstaltung der Deutschen Akademie für Sprache und Dichtung sagte der gerade preisgekrönte Dichter: »Wir haben nur ein Recht auf das Unrecht«.[1] Das ist die schwarze, die verzweifelte, die Lieblingstonart. Ist es nicht erlaubt, diese beliebte Verzweiflung auf das Soziale zu beziehen, um dadurch ihre Verrücktheit oder ihre Arroganz deutlich werden zu lassen? Ist sie nicht von dieser Welt? Warum steht dann über das scheußlich blutige Learstück des Edward Bond, das unsere Geschichte nur als eine kreisförmige Veranstaltung für immer noch ekelhaftere Brutalität darstellt, warum steht dann in der *Frankfurter Allgemeinen Zeitung,* in diesem Stück werde der »Allerweltscharakter der Gewalt« gezeigt? Das muß die freuen: Gewalt gehört zur Welt wie das Grün zum Gras. Und es war das Bondsche Learstück, das dem Kapitalismus dieses Ego-te-absolvo verpaßte. So vollzieht sich die täglich anfallende Verdunkelungsarbeit. Schamanenarbeit. Gegen die Hoffnung, daß ein Staat als Heimat möglich sei. Trotzdem hat ein Begriff von Heimat bisher alle Verdunklungs- und alle Abspeisungsversuche überlebt: Sozialismus und Demokratie sind zwei Wörter für diesen denkbaren Heimatzustand. Heimat

[1] Thomas Bernhard, *Büchnerpreisrede 1970,* in: *Büchner-Preis-Reden 1951-1971,* Stuttgart 1972, S. 216.

könnte man ihn nennen, weil in ihm die Entfremdung, die jetzt die Arbeit beherrscht, zum Verschwinden gebracht werden kann. Wenn wir die Bedingungen, die jetzt die Entwicklung zur Demokratie behindern, durch bessere ersetzen, werden wir sicher durch »Ungeduld und Nachlässigkeit« – so hat Kafka unsere ausschlaggebenden Schwächen benannt – neue Hindernisse in die Welt setzen. Aber wenn es überhaupt einmal gelungen ist, gegen jene Intellektuellen, die durch ihre Immobilitätsmythen und ihren Verzweiflungseifer unwillkürlich das konservative Geschäft betreiben, die Machbarkeit der menschlichen Geschichte zum – sagen wir vorsichtig – beliebtesten Glaubensartikel zu machen, dann sind wir, dann wären wir schon auf dem Weg: und das ist absolut mehr, als unsere gestoppte Gesellschaft heute von sich sagen kann.

(1972)

Wahlgedanken

1. Ein Wahljahrstraum
In der Nacht vom 10. zum 11. 8. 72 träumte meine Frau folgendes: Ein nicht aufhörendes schrilles Klingeln habe sie aus dem Schlaf gerissen, an der Tür sei der Bürgermeister gestanden, nervös und vorwurfsvoll. Wo wir denn so lange blieben, habe er gefragt, das ganze Dorf habe schon gewählt, nur wir nicht. Im Wahllokal seien alle herumgestanden und hätten zu ihr hingesehen, als sie sich über den Wahlzettel beugte. Auf dem Wahlzettel seien zu ihrer großen Bestürzung nur 2 Parteien verzeichnet gewesen: die CDU und die DKP. Nun hätte sie ihren Namen auf den Wahlzettel schreiben sollen. Da ihr Vorname aber mit K beginne, habe sie gefürchtet, daß einer der Zuschauer meinen könnte, sie habe vor, DKP hinzuschreiben. Also wagte sie nicht, ihren Namen hinzuschreiben. Endlich sei es ihr gelungen, zu sagen, daß die SPD auf dem Wahlzettel fehle. Sofort sei ein Mann hergekommen und habe gesagt, da stehe doch SPD. Tatsächlich, winzig klein sei da ganz oben am Rand des Zettels jetzt SPD geschrieben gewesen. Da habe sie dann schnell und erlöst ihr Kreuz hingesetzt. Das ist also die Lage im ungewöhnlichen Wahljahr 1972.

2. Die produzierte Zustimmung

Jede Wahl ist die wichtigste seit 1945. Die Demokratie ist rein der Zahl nach ein totalitäres Prinzip. Sie greift um sich. Sie will jeden. Von ein paar Schriftstellern abgesehen, weiß ich niemanden mehr, der zu der Behauptung im Stande wäre, Politik spiele bei seiner Arbeit keine

Rolle. Und wenn sie einmal angefangen hat, im Bewußtsein eine Rolle zu spielen, will sie auch gleich die Hauptrolle spielen. Da Politik in fast unendlich vielen Frequenzen vorkommt, muß man kein Politiker werden, wenn man sieht, daß sie im eigenen Bewußtsein die Hauptrolle spielen will.

Unseren 3 Parteien im Bundestag liegt daran, daß Politik auf das eingeschränkt wird, was sie selber betreiben. Vor allem inhaltlich. Und das schlecht Totalitäre in dieser Entwicklung kommt am deutlichsten in den Wahljahren zum Ausdruck. Da verkürzt es sich auf die Frage: Was wählst du? Oder auf die Aufforderung: Wähle CDU/CSU, wähle SPD, wähle FDP. Du kannst tun und vor allem lassen, was du willst, es genügt, eine von den drei Parteien zu wählen. Um es zu überspitzen: ich könnte mir einen Demokraten vorstellen, der als Lehrer oder als Pfarrer oder als Arzt oder als Betriebsrat seine Arbeit andauernd als politische Arbeit tut und begreift, der aber trotzdem nicht zum Wählen geht. Er wäre ein Kuriosum wie ein Metzger, der Vegetarier ist. Mehr aber nicht. Ich will damit nichts gegen unsere Wahlen sagen, aber den Sinn von Wahlkämpfen bezweifeln. Unsere Wahlkämpfe sind schon ganz schön amerikanisiert. Das heißt: Geldeinsatz und Werbebüros werden immer wichtiger. Ich bin immer noch nicht ganz frei von Empörung, wenn ich eine Zigarettenreklame sehe, die mit Reinheit und Natur protzt. Ich hänge einfach noch daran, daß die Sprache zur Genauigkeit gebildet wurde und zur Humanität. Die Werbeverwendung der Sprache geht gegen den bisherigen Sinn der Sprache. Auch die im Wahlkampf. Wir sind schon soweit, daß wir der Werbung und der Wahlkampfagitation einen mehr als großzügigen Umgang mit der Wahrheit einräumen. Was die Werbung sagt, darf täuschen. Was der Wahlredner redet, muß nicht stimmen.

Nun besuchen nur 3 Prozent der Bevölkerung Wahlversammlungen, sagt die Statistik. Aber das Fernsehen erreicht fast alle. Und: der Wahlkampf hört, seit es das Fernsehen gibt, überhaupt nicht mehr auf. Das heißt: jeden Tag wird von den Meinungsfabriken an den Wahlentscheidungen gearbeitet. An den Wahltagen können dann die Entscheidungen mehr oder weniger abgerufen werden. Trotz aller Prozenttänze, die die davon lebenden Demoskopen aufführen lassen, dürfte es sich, wie etwa der jahrelang zunehmende SPD-Anteil zeigte, um einen zähen und stetigen Kampf zwischen den Erfahrungen der Bürger und den Konsequenzen, die sie als Wähler daraus ziehen, handeln. Erkennt die Mehrheit ihr Intersse, oder läßt sie sich von dem andauernden Getrommel dazu überreden, das Interesse einer Minderheit an Stelle ihres eigenen zu vertreten? Das steht andauernd auf dem Spiel.

Nun produzieren Funk, Fernsehen und Presse über die Wahlfähigkeit hinaus noch einen Bewußtseinszustand, der aller Wahlfähigkeit zugrunde liegt: die Zustimmung zum System überhaupt. Das ist für die Medien, wegen ihrer Scheinneutralität gegenüber den Parteien, das wichtigste Produkt: die Zustimmung zu dem, was alle Parteien miteinander vertreten. Das heißt bei uns: zur freiheitlich-parlamentarischen Demokratie, die auf dem ruht, was die Parteien aus unserem Grundgesetz machen. Wenn dieses Grundgesetzprodukt konservativ ist, sind unsere Medien konservativ und produzieren eine dem Konservativen zustimmende Bevölkerung. Wäre das, was die Parteien miteinander machen, eine fortschrittliche Gesellschaft, so würden die Medien in der Bevölkerung eine Zustimmung für dieses fortschrittlichere Modell produzieren. Beides hat natürlich Grenzen in den Erfahrungen der Bevölkerung. Aber mit der zunehmenden Beeinflussungsfähigkeit etwa des Fernsehens wird vorstellbar, daß man die Mehrheit

über ihr Interesse zwar nicht völlig, aber doch weitgehend täuschen kann. Je wirkungsvoller ein Apparat, um so teurer ist er, also um so geldabhängiger, also um so konservativer. Wenn erst einmal Springer und Schickedanz und zwei bis drei amerikanische Konzerne das Kassettenfernsehen und die Fernsehübertragung über Satelliten kontrollieren, wird die Produktion der Zustimmung noch leichter fallen. Aber jenseits dieses totalen Zusammenspiels der Meinungsfabriken und dieser Parteien gibt es doch auch noch die Erfahrungen der Bevölkerung. Und die dringen offenbar über die jeweilige Parteijugend dann in die Parteien ein. Am meisten in die SPD. So wird die im Wahljahr abrufbare Zustimmung wieder problematisch. Allerdings nicht in dem Maße, daß etwa eine Partei wie die DKP zur Zeit schon ernsthaft zur Wahl stünde für die Bevölkerung. Diese Partei ist zwar zugelassen, aber ausgeschlossen. Und für diesen skandalösen Zustand geniert sich im Kreis der Parteien und ihrer anhängigen Medien nicht EIN Demokrat. Diese Mischung aus verfassungsgemäßer Zulassung und wirklicher Unterdrückung ist ein Beispiel für Verfassungs-WIRKLICHKEIT in diesem Land. Der genaueste Ausdruck für zugelassen, aber ausgeschlossen wäre wohl: Genscherismus. Aber vielleicht tut man Genscher da unrecht. Bestimmt nicht der Bundeskanzler die Richtlinien? Ist es also der gezwirnte sound des heiseren Kanzlers, der sich staatsmännisch milde nach außen und unerbittlich nach innen wendet?
Ich weiß noch nicht, was ich unter den Bedingungen dieses Wahljahres wählen werde. Ich werde nicht so weit gehen, einem anderen zu sagen, was er wählen soll. Mir fehlt für diesen besserwisserischen Auftritt einfach das Besserwissen. Da es mir selbst schon schwer fällt, jeweils das für mich Richtige zu finden, traue ich mir nicht zu, auch noch für andere zu entscheiden. ABER: ich möchte ALLE

Parteien, die verfassungsgemäß zu einer Wahl zugelassen sind, auch WÄHLEN können; und zwar, ohne daß ich es verheimlichen muß und ohne daß ich deshalb das Gefühl haben muß, man zeige mit Fingern auf mich. Eine Schande ist es für diesen Staat, daß Zeitungen guten Mutes Wahlinserate einer Partei ablehnen können, eine Schande, daß Mut dazu gehört, eine Partei zu wählen, an deren Verfassungsmäßigkeit kein Zweifel sein kann, weil sonst doch wohl das Verfassungsgericht sich gerührt hätte. Jede Behauptung, daß wir eine Demokratie seien, ist ein Witz, solange eine verfassungsmäßige Partei der systematisch produzierten Ablehnung verfällt.

3. Zum Beispiel Meinungsfreiheit

Es gibt ein paar Fragen, die mir von Jahr zu Jahr wichtiger werden, aber ich kann sie immer weniger beantworten. Diese Fragen haben mit dem Begriff Demokratie zu tun. Zum Beispiel: Warum nennen wir unsere Gesellschaft schon eine demokratische? Warum behaupten wir, wir hätten unter uns Meinungs- und Pressefreiheit? Warum behaupten alle Zeitungen, die meisten Lehrer und viele Leute, wir lebten nicht mehr in einer Klassengesellschaft? Ich vermute, daß einige dieser Behauptungen dadurch entstehen, daß man sich vorteilhaft unterscheiden will von den Gesellschaften der sozialistischen Staaten. Verglichen mit der Informationspolitik eines sozialistischen Staates könnte einem die Art, wie bei uns die Meinungen gelenkt werden, wie Freiheit vorkommen. Aber wer bei uns eine Zeit lang Erfahrungen gemacht hat im Meinen, Schreiben und Veröffentlichen, der dürfte einfach nicht mehr behaupten, daß wir im Zustand der Presse- und Meinungsfreiheit existierten. Ich glaube, dieser Zustand ist in keiner Gesellschaftsform ganz herstellbar. Das Freiheitserlebnis dürfte in jedem Gesellschaftssystem von der gleichen Bedingung abhängig sein: je zustimmender sich einer zum System verhält, desto mehr wird ihm sein Spielraum wie Freiheit vorkommen. Wir könnten durch Entwicklung zur Demokratie die Meinungs- und Pressefreiheit bei uns noch wesentlich realer machen. Wir hätten es wegen unserer unbürokratischeren und staatsferneren Organisation nicht so weit zum Ideal wie die sozialistischen Staaten mit ihrem fetischisierten Zentralismus. Wir könnten die Meinungsfabriken unter demokratische Verfassungen stellen und dadurch das Interesse der Mehrheit ausschlaggebend werden lassen zur Bestimmung der Freiheit. Heute wird die Meinungsfreiheit vom Interesse einer kapitalstarken Minderheit bestimmt. Es ist begreiflich, daß die CDU/CSU als die Partei des Kapitals diesen meinungsmachenden Minderheiten nicht zu nahe treten will. Aber warum findet sich die SPD damit ab, daß die Meinung in dieser Gesellschaft eine Funktion des Kapitals ist? Diese Frage hat kein SPD-Politiker und kein SPD-Wahlhelfer beantwortet. Und das ist eine typische Folge unserer so unvollkommenen Meinungsfreiheit: die SPD vertritt zweifellos eher die Interessen der Mehrheit als die CDU/CSU, und doch hat sie es schwer, von denen, deren Interesse sie vertritt, gewählt zu werden. Der Grund: die Herrschaft des Kapitals über die Meinungsfabriken. Die kapitalstarke Minderheit bleut der Mehrheit das Interesse der Minderheit als das ihre ein. Das hat auch Tradition. Warum aber klärt die SPD die Leute nicht auf über diese Manipulation? Weil sie dann sagen müßte, daß Besitz nicht unter allen Umständen Macht bedeuten darf; zum Beispiel im Bereich der Meinungsverbreitung. Aber diesen schlichten Satz bringt die SPD zur Zeit nicht über Brandts Lippen. Das klänge ja gleich nach Sozialismus. Die SPD hat sich einschüchtern lassen. Die CDU/CSU bestimmt heute darüber, wieviel Demokratie die SPD beabsichtigen darf. Und zwar hauptsächlich durch ihren Einfluß in den Meinungsfabriken. Die meisten Journalisten sind Liberale. Das heißt, sie haben einen fast vornehmen Begriff vom Schreiben und Berichten. Das heißt: die *Formen* des Umgangs mit der Wahrheit sind hochentwickelt. Aber der Inhalt der Wahrheit und die Wahrheit des Inhalts sind konservativ begrenzt. Die Journalisten in Funk, Fernsehen und Zeitungen wachen über das Formale unserer Demokratie. Sie sind dafür, die Formen eventuell noch zu verbessern. Aber sie sind nicht dafür, daß diese Demokratie durch Anwendung auf die Arbeitswelt zu ihrem wirklichen Inhalt kommt. Die meisten sind dafür nicht zu haben und arbeiten deshalb, auch wenn sie sich selbst anders verstehen, für die höchst relative Demokratie oder Teildemokratie, in der die Konservativen unsere Entwicklung enden lassen wollen. Es ist dem Kapital egal oder doch erträglich, daß die Intellektuellen in allen Meinungsfabriken sich eher zur SPD und zu den fortschrittlichen Liberalen zählen als zur CDU/CSU. Im wichtigsten Punkt, im Antisozialismus (aufgemacht als Antikommunismus), hat sich das Kapital in den Intellektuellen durchgesetzt. Sie ziehen mit.

Am 10. 8. 72 sagte mir ein Mann, der jetzt für Springer arbeitet und seit Jahrzehnten im Beruf ist, Springer habe ihm noch nie dreingeredet, nirgends habe er bisher soviel Freiheit gefunden wie bei Springer. Auch der Fisch hat ja sicher nicht das Gefühl, ins Wasser gefallen zu sein.

4. Der Adenauer-Reflex

Ich hätte an Stelle der Meinungs- und Pressefreiheit auch einfach die Behauptung, wir seien schon eine Demokratie, als Beispiel nehmen können. Welches Beispiel man auch nimmt, überall stößt man darauf, daß unsere Konservativen in CDU/CSU, SPD und FDP die Rechtfertigung für den Stillstand unserer Demokratieentwicklung mit dem Hinweis auf die sozialistischen Staaten Osteuropas bestreiten. So einfach ist das: wir haben von allem Demokratischen mehr als die, und mehr Konsum haben wir auch. Und wenn jemand behauptet, wir hätten von vielem nur den geschickten Schein und müßten den hiesigen Zustand erst noch verändern in Richtung auf praktische, werktägliche Demokratie, dann wird er zugedeckt mit den Salven jenes durch meist scheinheiligen Ostvergleich erworbenen guten Gewissens.

Ein Beispiel für die Art, wie die SPD sich hereinlegen läßt: Am 28. April 1972 forderte Rainer Barzel (im Bundestag) die SPD wieder einmal auf, sie möge sich deutlicher nach links abgrenzen. Willy Brandt hatte an diesem Tag, nach der Niederlage bei der Abstimmung über den Haushalt des Kanzleramtes, 6 Vorschläge gemacht zur Zusammenarbeit mit der CDU/CSU. Einer dieser Vorschläge handelte von der sogenannten »inneren Sicherheit«. Auf diesen Vorschlag bezog sich Barzel. Ohne jede Verbrämung machte er die Behandlung der Kriminalität und der Linken zu einer einzigen Sache; und wie immer redete er dann nicht mehr über die Organisationsverbesserungen der Polizei zur Eindämmung der Kriminalität, sondern ausschließlich davon, daß die CDU erst dann zur Zusammenarbeit bereit sei, wenn die SPD offenlege, was sie dagegen getan habe, daß SHB und SDAJ gemeinsame Aktionen machten. Er habe doch schon vor einigen Wochen die Frage gestellt, wie viele gemeinsame Aktionen SHB und SDAJ gemeinsam gemacht hätten, bis heute habe man ihm keinen Katalog vorgelegt, der diese Aktionsgemeinschaft dokumentiere. Die Bezeichnung *sozial-*

demokratisch sei doch dem SHB nicht unwiderruflich verliehen, oder? Also er empfahl ziemlich direkt, dem SHB das Recht abzuerkennen, sich weiterhin Sozialdemokratischer Hochschulbund nennen zu dürfen. Erst wenn die SPD sich den Beifall von der falschen Seite verbitte, könne es eine Gemeinsamkeit geben mit der CDU/CSU.
Willy Brandt hatte bei seinen Vorschlägen fast bei jedem Punkt bemerkt, daß die Gemeinsamkeit mit der CDU/CSU nicht zur Verwischung der Unterschiede führen dürfe. Brandt hatte die Sorge, daß die Demokraten »draußen im Lande« ihn auf dem Wege zum charakterlosen Staatsmann der Großen Koalition entdecken könnten. Barzel hatte die Sorge, daß auf der Straße nur noch für Brandt und die SPD demonstriert werde, darum wollte er diese allerersten, sozusagen naturdemokratischen Regungen mit dem Verdacht der Linksradikalität überziehen. Und da er weiß, daß ein Satz von ihm über Linksradikalität allen Massenmedien übertragenswert ist, versucht er mit diesem Satz, den Massen jede Sympathie für die Straßenaktionen auszutreiben. Da für ihn und die CDU/CSU fast niemand auf die Straße geht, versucht er die auf die Straße drängende politische Teilnahme als illegitim, als radikal, als verabscheuenswert hinzustellen; und die SPD soll das, bitte, auch so sehen. Wenn nicht, wird man bei der nächsten Gelegenheit mit der zur Verfügung stehenden Einschüchterungsmacht der Bevölkerung eintrommeln, die SPD sei von ihrem Godesberger Programm abgefallen, auf der Straße rieche es verdammt nach Weimar, die SPD könne oder wolle offenbar das Eigentum nicht mehr schützen... Was jetzt in der Bevölkerung einsetzt, würde ich den Adenauer-Reflex nennen: eine erwachsene Bevölkerung verwandelt sich unter diesen Dressurformeln eines CDU-Politikers sofort zu mindestens 53% in Hausbesitzer, Aktienbesitzer, Kapitalisten, die

1. Angst um ein Haus haben, das ihnen nicht gehört, und die 2. Angst um ein Haus haben, das ihnen keine SPD der Welt nehmen will. Aber der Reflex, gezüchtet vom großbürgerlichen Dompteur Adenauer, setzt offenbar einen entscheidenden Teil der Denkmöglichkeiten außer Kraft. Und verlieren kann sich dieser Reflex nicht, weil er andauernd durch die Meinungsfabriken in der vom Dompteur eingebleuten Form weitergepflegt wird. Andauernd! Und natürlich immer abgesichert durch den Hinweis auf den Osten. Dieser tief ins Innere des Menschen hineinreichende Sieg der CDU/CSU wird nur anzufechten sein, wenn die SPD und alle real-demokratisch Gesonnenen es nicht länger der CDU/CSU überlassen, zu bestimmen, was demokratisch sei und was nicht. Solange selbst SPD-Intellektuelle die vernichtende Mathematik der Gleichsetzung von rechts und links andauernd mitmachen, muß man sich nicht wundern, wenn Barzel daraus dann jederzeit Kapital um des Kapitals willen schlägt und gar nicht mehr aufhören kann mit Abgrenzungsforderungen! Solange nicht, bis sich die SPD selbst total amputiert haben wird.

Wann erfolgt endlich der Parteibeschluß, daß jeder, der die antidemokratische Formel links gleich rechts nachbetet, sich eines parteischädigenden Verhaltens schuldig macht? Solange sich die SPD immer wieder von der CDU/CSU auf diese Formel vereidigen läßt, leistet sie nur Offenbarungseide, weil sie, als Instrument der politischen Willensbildung, den Konservativen das Geschäft betreibt: und zwar ohne Gegenleistung. Industrie und Banken wollen Brandt jetzt nicht mehr haben. Da hilft nichts als: wieder rüber zu den Leuten und den Kampf um das Bewußtsein der Massen nicht mit den Parolen der Konservativen führen, sondern mit eigenen.

Die SPD kommt mir vor wie jemand, der sich die Rosen

im eigenen Garten andauernd ausreißt, weil der Nachbar
herüberruft, es sei Unkraut.

5. Wie dem Zauber begegnen?

Ein Fernsehmagazindemagoge und das Springerorgan
verlangten in einem bestimmten Augenblick, daß die Demokraten jetzt zusammenhalten müßten. Gegen wen?
Gegen die Linke. Man muß sich darüber wundern, daß sie
sich Demokraten nennen. Sie würden sicher vor allem ihre
Anhänglichkeit ans Parlamentarische und ihren Abscheu
vor dem Osten zur Beschreibung ihres Demokratieverständnisses mobilisieren. Und die Linken, deren Ziel die
Verwirklichung der Demokratie auch noch am Arbeitsplatz ist, gelten diesen rechten Demokraten als keine Demokraten. Dem Konservativen genügt es, wenn im Parlament in Bonn Demokratie geübt wird. Am Arbeitsplatz
wollen sie die Demokratie nicht auch noch. Ja, die Abgeordneten in Bonn haben geradezu dafür zu sorgen, daß
die Arbeitswelt von demokratischen Regungen verschont
bleibt. Und wenn diese Abschirmung in Schulen und Hochschulen nicht mehr so glückt wie in den Betrieben, dann
muß der Versuch gemacht werden, diese demokratischen
Regungen als kriminell darzustellen. Funk, Fernsehen und
Zeitungen stehen dafür eher zur Verfügung, als daß sie
sich widersetzen. Auch die SPD läßt sich gleich wieder einschüchtern. Sie hat ja auch jahrelang einen Wirtschaftsminister ertragen, der von allem Anfang an fast unverhüllt die Politik des Kapitals betrieb. Wer darauf hinwies, war ein Kommunist. Die SPD versäumt es schon zu
lange, die Gegner als Gegner zu bezeichnen.
Die SPD hat es zugelassen, daß der Begriff der Demokratie zu einer Art Knigge für Dispute geworden ist und

seine wichtigsten inhaltlichen Bestimmungen verlor. Die SPD hat sich dazu verführen lassen, die realdemokratische Bewegung als linksradikal zu diffamieren und diffamieren zu lassen. Das hat die SPD natürlich nicht getan, weil sie das glaubt. Die SPD weiß sehr genau, daß etwa die DKP alles andere als eine linksradikale Partei ist. Das hat die SPD auch nicht getan, um sich bei der CDU anzubiedern. Sie tat es, um bei der Bevölkerung den Adenauer-Reflex nicht auszulösen.

Die Mehrheit der Wähler aus diesem ganzen publizistischen Zauber zu lösen, wird schwer sein. Ohne Hilfe der liberalen Publizisten selber dürfte es unmöglich sein. Meist in Abhängigkeit arbeitende Kollegen, besorgen sie trotzdem das Interesse des Kapitals. Es ist zu vermuten, daß sie den Linken die demokratische Absicht einfach nicht glauben. Sie glauben der DKP noch nicht, daß die eine hiesige Partei sei. Also läge es auch an der DKP, zu beweisen, daß sie Politik für die Bundesrepublik macht und sich nicht als einen bundesrepublikanischen Filialbetrieb der DDR versteht. Alle Beteuerungen, daß sie das nicht sei, helfen nichts, wenn die ganze Presse die DKP behandelt, als sei sie eben jene DDR-Filiale. Die demokratische Arbeit, die die DKP im lokalen und betrieblichen Bereich leistet, bringt ihr fast nichts, solange sie für ihr Wappen kein eigenes Rot findet. Der DKP fehlt bis heute so etwas wie Heimatliebe. Sie ist zu unvermittelt internationalistisch. Sie braucht Lokalgeist. Parteilichkeit für das Hiesige. EINMAL auch eine Differenz zur Sowjetunion. EINMAL auch eine Kritik an der DDR, an der ČSSR. Die machen ja auch Fehler. Und die DKP müßte diese Fehler sehen und sagen dürfen.

Natürlich haben es KPI und KPF mit ihren Millionen leichter, italienisch und französisch zu sein.

Es ist tragikomisch, wenn man sieht, daß die liberale Publizistik auf diese nun wirklich grundgesetztreue DKP mit nichts als dem Adenauer-Reflex zu reagieren imstande ist, weil sie nicht die Arbeit dieser Partei in Stadt und Land sieht, sondern nur deren plakatives Verhalten zu internationalen Fragen. Und ich meine nicht, daß auch nur ein Gran Antisowjetismus nötig wäre; es genügt eine Spur des alten Sacro Egoismo, der zur Politik jedes Gemeinwesens gehört wie der Sauerstoff in die Luft. Stimmt doch einmal ab in der DKP, wenn ein Fußballspiel UdSSR-BRD ausgetragen wird, ob die Mitglieder für den Sieg der BRD- oder der UdSSR-Mannschaft sind. Falls sich herausstellt, daß die Mehrheit für den Sieg der UdSSR-Mannschaft ist, ist beispielhaft deutlich geworden, was ich mit mangelnder Heimatliebe und dergleichen komisch klingenden Wörtern meine.

6. Ereignisse, die keine wurden

Der Zeitschrift *Capital* vom 7. 7. 72 war zu entnehmen, daß die Großaktionäre Flick und Quandt und Deutsche Bank »sich zum sechsten Mal in zwölf Jahren Gratisaktien bewilligen«, Daimler-Benz-Gratisaktien. Die Großaktionäre haben bei diesem ihrem sechsten Bewilligungs-Unternehmen 190 Millionen Mark vom Rücklagen-Konto unter sich und den 20 000 Kleinaktionären aufgeteilt. Und das zusätzlich zu 161,5 Millionen Mark Dividende, die sie für das Jahr 1971 schon unter sich verteilt hatten. Durch solche Bewilligungen hat sich der Flick-Besitz an diesem Unternehmen von 76 Millionen im Jahr 1960 auf 400 Millionen Mark im Jahr 72 erhöht. Und das ist Nennwert. Verkaufswert wäre etwa: 3 Milliarden Mark. Die *Süddeutsche Zeitung:* »Politisch und gesellschaftspolitisch ist das Vorgehen von Flick, Deutsche Bank und Quandt (...)

eine Ohrfeige für alle diejenigen, die den Worten der Arbeitgebervertreter und Unternehmer im letzten Spätherbst geglaubt hatten.« Damals hatte Vorstandsmitglied Dr. Hanns Martin Schleyer 7,5% Lohnerhöhung als »für die Arbeitgeber untragbar« bezeichnet. Und trotzdem geniert sich die SPD, wenn in ihren Reihen die Jusos diese Art von Aneignungspraxis nicht in alle Ewigkeit fortgesetzt sehen möchten.

Und trotzdem gelingt es nicht, die öffentliche Meinung für einen solchen Coup auch nur halb so zu interessieren wie für einen Banküberfall, obwohl dort nicht der hundertste Teil der Flick-Quandt-Summe angeeignet wird. Wieder arbeitet die Meinungsindustrie prima mit: sie stellt ihre volle Potenz der spannendsten Berichterstattung über den Bankraub zur Verfügung und verbreitet so realen Kriminalschrecken in der Bevölkerung. Jeder 1000-Mark-Besitzer wird dadurch im Sinne der Ruhe-und-Ordnung-Ideologie agitiert. Die Versammlung, auf der Flick, Quandt und Deutsche Bank 190 Millionen Mark aus den von Zehntausenden von Mitarbeitern erarbeiteten Rücklagen herausholten, wird nur auf Wirtschaftsseiten und in Spezialveröffentlichungen gemeldet. Keine Kamera ertappt die Herren, wenn sie, um viele Millionen schwerer, den Versammlungssaal verlassen. Wieder bewährt sich die Meinungsindustrie als der wichtigste Garant des Systems. Weder für *Monitor* noch für *Panorama* noch für *Report* ist der 190-Millionen-Coup überhaupt ein wahrnehmbares Ereignis.

Aber wahrscheinlich sehe ich das falsch, und richtig sieht es Golo Mann, der in der *Süddeutschen Zeitung* schrieb: jemand, der Aktien kaufe, sei jemand, der seine Ersparnisse gratis verleihe und dafür auch noch Steuern zahle. Und auch gleich noch Ersparnisse. Richtige Scherflein!

Und gehört nicht in jedes Lesebuch – und kommt nie hin-

ein – die Story vom 1130-Millionen-Coup des Herrn Horten?
1968 bewilligt er sich 75 Millionen DM aus seinem Konzern. Kommentar aus der Hortenzentrale. »Nichts anderes als eine Formänderung.«
1968 Umwandlung der GmbH in eine AG. Alleinaktionär: Horten. Und der emigriert ins Tessin.
1969 Horten verkauft für 275 Millionen Mark Aktien an Deutsche Bank und Commerzbank (25% seines Warenhausbesitzes). Kommentar der Zentrale: Weitere Abgabe von Aktien nicht beabsichtigt. Dies wurde erklärt »mit Nachdruck«.
1969 (5 Monate später) Horten verkauft 50% seiner Aktien an das breite Publikum. Erlös: 575 Millionen Mark.
1971 Horten verkauft den Rest seiner Aktien an British-American Tobacco, Erlös: 280 Millionen Mark.
Wäre Hortens Firma beim Verkauf eine GmbH gewesen, hätte er, trotz Tessiner Aufenthaltsgenehmigung, 53% ans Finanzamt in Düsseldorf zahlen müssen von seinen durch Massenarbeit zusammengekommenen 1130 Millionen Mark. Durch seinen Coup in mehreren Schritten schaffte er es, das Düsseldorfer Finanzamt mit NULL Mark abblitzen zu lassen. Und wenn einer zum 7. Mal eine Zeche von 113 Mark nicht bezahlt, kann er Monate lang eingesperrt werden in unserer Gesellschaft, von der Herr von Siemens sagt, sie sei keine Klassengesellschaft mehr.

7. *Sein oder Wählen*

Ich hoffe immer noch: was man wählt, muß man nicht sein. Solange Parteien nicht alles umfassende Lebensgemeinschaften sind, sehe ich keine, in der ich aufgehen könnte. Es kommt mir komisch vor, wenn einer sagt: Ich

bin Sozialdemokrat. Was immer das sei, denke ich dann dazu. Andererseits bin ich richtig froh, wenn Horst Ehmke in einem Wahljahrsartikel gerade diesen Satz aus dem Godesberger Programm zitiert: »Der Sozialismus ist eine dauernde Aufgabe, Freiheit und Gerechtigkeit zu erkämpfen, sie zu bewahren ...«
Seit die SPD die Mitbestimmungsforderung auf Eis gelegt hat, warten wir auf die Rückkehr der SPD an ihren historischen Arbeitsplatz.
Das bloße Konfessionswesen nimmt von Wahljahr zu Wahljahr zu.
Außerdem hat es das elektronische Zeitalter mit sich gebracht, daß unsere Parteien, was die Unterhaltungsfunktion angeht, mit Schalke 04 und Bayern München zu konkurrieren beginnen. Die Idolisierung der Politik ist im Gange. In den USA gibt es schon demokratische und republikanische Besetzungsbüros; da kann man für McGovern Eartha Kitt und für Nixon John Wayne anfordern. Bei uns werden Quizmaster, Diskjockeys, Fußballer, Professoren, Schauspieler und Schriftsteller ihr Image mehr oder weniger zinslos den Parteien leihen. Das heißt, die Amerikanisierung unserer Wahlkämpfe ist unaufhaltbar. Und je mehr ein Wahlkampf zur Idolkonkurrenz wird, desto mehr profitieren die Konservativen aller Parteien. Idole sind konservativ. Wechsel kann ihnen nur schaden. Politik wird zugespielt auf der Frequenz der Konsumwerbung, das ist die konservative Frequenz schlechthin.
Ich schließe mich dem CDU-Sprecher Dziedziezak an: »Sich gegenseitig mit solchen Prominenten totzuschlagen, hat mit Politik nicht viel zu tun.« Das heißt: der Wahlkampf hat mit Politik immer weniger zu tun. Das heißt: die Parteien sind dabei, ihren Verfassungsauftrag, Instrumente der politischen Willensbildung zu sein, sträflich zu mißachten. Das heißt: sie schaffen sich selbst ab.

Natürlich ist es schwer, nichts zu tun als zu wählen, wenn man sieht, mit welchen Stimmungskanonen sich eine gegnerische Partei im Wahlkampf ins Bewußtsein der Bevölkerung manipuliert. Und schon hat man eine Unterschrift unter einen Aufruf gesetzt. Man hat also nicht warten können. Es genügte einem nicht, am Wahltag zu wählen. Man muß noch auf andere einreden mit einem Vorweg-Bekenntnis. Und solche inserierten Bekenntnisse kosten Geld. Die Konservativen haben mehr Geld, also mehr Inserate, also mehr Bekenntnisse. Andererseits kann man ihnen nicht das Feld überlassen. Also privilegiert man sich, unterschreibt, versucht Einfluß zu nehmen durch sowas Irrationales wie eine Akademikerliste, Professorenliste, Schriftstellerliste, Prominentenliste, Nobelpreisträgerliste. Ein paar Plakatsätze, eine möglichst einschüchternde Namensparade. Wenn das nicht zur Mandarinen-Demokratie führt! Wir werden diese primitivste Personenkult-Demokratie treiben, bis endlich ein TV-Quizmaster in einer 100-Millionen-Sendung den Bundeskanzler absetzt und sich selber ernennt. Man könnte angesichts der über uns hinrollenden Pseudopolitschau des ewigen Wahljahrs von einer Gesellschaft träumen, in der alle ihre Berufe andauernd so politisch ausüben würden, daß nach 4 Jahren alle wieder das Bedürfnis hätten, in den Wochen vor der Wahl auszuruhen und dem Wahltag als dem gesellschaftlichen Erntedankfest kampflos entgegenzusehen. Aber während man träumt, keift Löwenthal. Da kann es einem vergehen.

8. Erlebnisse 1972

Neben dem Ausbau der Politreklame zur Ermöglichung einer möglichst bewußtlosen Identifikation mit dem Idol,

haben die Konservativen immer schon auf die direkte Angstmache gesetzt. Die Adenauer-CDU hat noch ungeniert die vom Nazismus präparierten »asiatischen Horden« beschworen. Das geht schon aus geschäftlichen Gründen nicht mehr an. Also hat man, nach dem Vorbild der USA, den inneren Feind entdeckt.
Die einschlägige Breitband-Waffe: Ruhe und Ordnung. Sprich: Panikmache, Hausmacherapokalypse. Aber auch die Angstmasche beruht nur auf den paar eingespielten Reflexen links = antidemokratisch, links = kriminell ...
Endlich hat auch die SPD selbst den entfesselten »blanken Haß« zu spüren bekommen. Und Willy Brandt selbst hat es trotz (oder wegen) dieser von Berichterstattung in Hetze übergehenden publizistischen Praxis für möglich und für nötig gehalten, das Wort Sozialismus in den Mund zu nehmen, und zwar mit verstärkenden, nicht mit aufhebenden Beiwörtern. Das mobilisiert nicht gleich einen neuen Glauben, wohl aber Kredit. Rückzahlbar innerhalb von 4 Jahren.
Jahrelang hat die SPD es nicht gewagt, eine Meinung über den US-Krieg in Vietnam zu haben. Jetzt, da die CDU/CSU die SPD ein für alle Mal als Inflationsschuldigen brandmarken will, jetzt erfolgt schon mal ein schüchterner Hinweis, daß vielleicht dieser Krieg auch etwas zu tun habe mit der westlichen Inflation. Das heißt nicht, daß allein die Schläge der Funktionäre des Kapitals die SPD zu jenen demokratischen Bewegungen veranlassen könnten, die links von der SPD seit dem Wahljahr 65 vergeblich von ihr erwartet werden; ich glaube, unersetzlich und unüberschätzbar wichtig und positiv war der April 72: die Demonstrationen für Willy Brandt. Das, was Rainer Barzel in eigenartigem Zynismus als »Straße« diffamiert, hat sich der SPD als Hilfe angeboten gegen die alten Disziplinierungskommandos des Kapitals. Das ist

neu. Nimmt man das Verhalten der Gewerkschaften in diesem Wahlkampf dazu, dann kann man sagen, daß im Jahr 72 eine demokratische Gegenbewegung spürbar geworden ist, erzeugt zuerst von der unüberbietbaren Negativität der CDU/CSU gegenüber den Ostverträgen, und jetzt provoziert von der Schamlosigkeit, mit der die Kapitalfunktionäre, die Millionen und Abermillionen in die Propagandaschlacht werfen, von den Gewerkschaften die politische Kastration verlangen. Diese demokratische Bewegung wäre ohne die Straßenlehrgänge der Jahre 65 bis 69 vielleicht nicht entstanden. In der Politik der SPD könnte sie endlich real werden. Allerdings nur, wenn die SPD nicht mit neuen Schillern zu Diensten ist. Ich glaube, Willy Brandt hat im April Demokratie erlebt. Ich glaube, das hat ihn beeindruckt. Würde er das wieder vergessen, hätten ihn seine Gegner da, wo sie ihn haben wollen: im bodenlosen Tricksalon der geheimen Großen Koalition, in dem man von uns spricht als von den Leuten »draußen«, und die Wirklichkeit nennt man »Straße«. Das ist die Sphäre, in der unsere Entwicklung zur Demokratie stattfindet. Die findet statt in den Schulen, auf der Straße, in den Familien UND in den Betrieben. Und wenn sie da NICHT stattfindet, sondern nur oder hauptsächlich im Parlament, dann haben wir von Demokratie nur den geschickten Schein, aber keine Wirklichkeit.

(1972)

Wie und wovon handelt Literatur

1. Einteilung im Interesse der Interessen

»Denn die Wirklichkeit ist, wenn sie den Menschen einschließt, nicht nur das, was sie ist, sondern auch alles, was ihr fehlt, alles, was sie noch werden muß...«

Roger Garaudy[1]

Es wäre in jedem Fall vorzuziehen, für eine Erfahrung, die man immer wieder macht, eine Erklärung nach Art der Naturwissenschaft geben zu können. Es wäre für die Literaturtheorie ein Vorteil, wenn die Biochemie uns schon bestätigen und regelmäßig formulieren könnte, daß unser Gedächtnis sich eher durch negative Eindrücke bildet, also eher durch Verletzung oder Verlust als durch Wohlsein und Besitz. Hätte man alles Nötige andauernd, könnte sich Gedächtnis überhaupt nicht bilden. Und es leuchtet auch noch ein, daß das Gedächtnis als Natur jene Situationen bevorzugt speichert, die einmal Gefahr oder Verletzung bedeuteten. Das merkt man sich. So entsteht dann Geschichte. Aber auch das Bedürfnis nach Gefahrlosigkeit, Sicherheit usw. Man emanzipiert sich, formuliert das Bedürfnis als ein Recht, als Menschenrecht. Ein entscheidendes Kampfmittel war und ist dabei die Beschwörung, der Vertrag, die Schrift, die Literatur. Als Mythologie, als Theologie, als Psychologie, also Soziologie. Jeweils mit entsprechenden Ausdrucksformen. Die Entwicklung und die Behauptung des Menschenrechts war immer Anlaß und wichtigste Tendenz der Literatur. Aber Literatur nimmt auch an der Herrschaft teil, an deren Errin-

---

[1] Roger Garaudy, *Statt eines Nachwortes zu »D'un Réalisme sans Rivages«*, in: *Marxismus und Literatur*, herausgegeben von Fritz J. Raddatz, Hamburg 1969, Bd. II, S. 227.

gung sie mitgearbeitet hat. So wird aus fortschrittlicher Literatur zusehends konservative Literatur. Diesen Prozeß hat das europäische Bürgertum in den letzten 200 Jahren deutlich demonstriert. »Jede neue Klasse«, sagte Marx, »bringt (...) nur auf einer breiteren Basis als die der bisher herrschenden ihre Herrschaft zustande (...)«[2] Weil also Geschichte bisher sichtbar ein Prozeß der Befreiung ist, ein Prozeß der Annäherung an die Demokratie, deshalb kann man ungeniert von Fortschritt sprechen und, zur Kritik, Literatur einteilen in fortschrittliche und konservative. Die herrschende Literaturkritik teilt auch so ähnlich ein, etwa in avantgardistisch und traditionell, aber grob gesagt soll damit das Gegenteil ausgedrückt werden: avantgardistisch ist da fast immer der unpolitische Autor, der tendenzlose, also der, der politisch unwillkürlich für das Bestehende Partei ergreift, also Avantgardist ist der Konservative. Und der, der praktiziert, daß Literatur eine Funktion habe in der Veränderung, also im Fortschritt der Gesellschaft, der gilt als der traditionelle oder konservative Schriftsteller. Das ist verständlich. Die herrschende Kritik ist am meisten an der Literatur interessiert, die an der Herrschaft teilnimmt und sie bestätigt, indem sie sich die Ideologie von der schon erreichten Demokratie zu eigen macht, bewußt oder unbewußt. Durch ihre Werke zeigt diese Literatur dann wie von selbst, daß Zukunft nur noch zugelassen ist als vorsichtigste Wiederholung der Gegenwart. Der sogenannte Pragmatiker entscheidet, wieviel Geschichte noch stattfinden darf. Utopie wird durch Science-fiction ersetzt: also Zukunft als pure Multiplikation der Gegenwart, als pure Übertreibung dessen also, was man an Angst und Kitzel schon hat.

2 Marx/Engels, *Deutsche Ideologie*, Werke, Bd. III, Berlin 1969, S. 48.

Wenn es aber wahr ist, daß Anlaß oder Thema der Literatur traditionell immer das war, was dem Autor, bzw. seiner Klasse noch fehlte an menschlicher Bedingung, oder das, worunter er und seinesgleichen deshalb zu leiden hatten, dann fehlt dem Autor als Teilnehmer der Klassenherrschaft jetzt dieser Anlaß. Sein Thema aus der bürgerlichen Aufstiegs- und Kampfzeit schrumpft zur Nebensächlichkeit. Was jetzt gebraucht wird, sind ganz genaue Verbesserungen der Herrschaftstechniken, und die liefern Medizin und Soziologie viel besser als die Schreiber von Romanen, Stücken und Gedichten. Aber für die Ideologie-Pflege sind die dichtenden Schreiber nach wie vor unersetzlich. Die Ideologie der Endzeit, die Variation und Verbreitung des Eindrucks, daß nichts mehr kommt und nichts mehr geht, ebendieses ganze Endspielspiel ist auf den Schriftsteller als Dichter nahezu angewiesen. Und in Zusammenarbeit mit einer alerten Kritik wird die frühere Funktion, bzw. das realistische Thema ersetzt durch einen raschen Wechsel der Perspektiven auf die behauptete Perspektivelosigkeit. Und daher die von Mal zu Mal umwertende Arbeit der Kritik: ohne politisches Bewußtsein wahrscheinlich, sicher aber ohne das Bewußtsein, politisch zu handeln, einfach um den folgenlosen Wechsel von absurd zu sprachanalytisch-strukturalistisch und von sprachanalytisch-strukturalistisch zur neuen gefühlsechten Innigkeit jeweils nicht nur mitzumachen, sondern um auch etwas beizutragen, durch rasches Benennen, deshalb bewertet die Kritik die jeweils frische literarische Attitüde als die Literatur überhaupt. Die gerade noch aktuell gewesene Attitüde bezeichnet sie nicht anders, als es der Verkaufsstratege tut, wenn er den nachlässig werdenden Konsumenten mit Schreckwörtern, wie *altmodisch* und *up to date* zur Kasse jagt.

Zweifellos sind diese jeweils kunstaktuellen, blickfüllenden, rasch kanonisierten Literaturhaltungen nicht realistisch. Mögen sie sich der »dialektischen Selbsterzeugung neuer Formen« (Viktor Schklowskij) verdanken.³ Die realistische Schreibart ist die auf ihren Anlaß bezogene. Und dieser Anlaß ist eben nicht in der Literatur zu suchen, sondern in der Realität. Das heißt nicht, daß der Realismus ein unveränderlicher Spiegel sei, der über der Realität schwebt, um sie einzufangen. Der realistische Autor antwortet schreibend immer auch auf das aktuelle Stadium der realistischen Ausdruckspraxis. Aber der realistische Autor gibt keine Antwort zweimal. Realismus und Manierismus scheinen mir die zwei Bezeichnungen zu sein für diese zwei Arten, literarisch zu arbeiten. Manierismus scheint mir besser zu passen als Formalismus, weil ja durch die Auffassung von der autonomen Entwicklung der Formen auch das Bewußtsein der Autoren gegenüber der realen Erfahrung verändert wird. Grob gesagt: es wird erfahrungsunabhängiger, das Bedürfnis nach Erfahrung wird eingeschränkt, alles Inhaltliche wird zum Vorwand, es verliert jede andere Bestimmtheit außer der: Ausdruck der Bewußtseinsattitüde zu sein, also Erfahrung und Ausdruck werden ein und dasselbe, eine Manier. Ein Roman des Autors Ingomar von Kieseritzky gab dem Kritiker Wolfgang Werth Anlaß, diese Praxis in einer ganz unkritischen Kritik, aber eindrucksvoll, zu beschreiben: die Sprache werde in diesem Roman: »ein tautologisches System, das nichts als sich selbst vermittelt«, »Rezitation von Wörtern und Sätzen, deren Strukturen mit jeder Wiederholung weniger abbilden, bis der Punkt erreicht ist, wo es gleichgültig wird, ob man spricht oder schweigt.«⁴ Eben

3 Boris Eichenbaum, *Aufsätze zur Theorie und Geschichte der Literatur*, Frankfurt 1965, S. 47.
4 Wolfgang Werth, *Reden über Schweigen*, in: *Die Zeit*, 14. 4. 1972, S. 33.

diese unanläßliche und deshalb auf Wiederholung ein und desselben angewiesene Schreibweise führt in jeder Hinsicht zur Manier. Ein ausgeschriebener Realist kann da sowohl landen wie einer, der, aus welchen Gründen auch immer, sich vor Erfahrung, bzw. Arbeit hüten muß. Es gibt diesen Autor, der nur noch der Grammatik oder nur noch sich selbst begegnet, am deutlichsten als Positivismus-Fan oder als verzückten Belletristen. Als Positivismus-Fan arrangiert er sich mit nicht viel mehr als dem grammatischen und idiomatischen Material. Als verzückter Belletrist wendet er sich selber an. Er läßt seine Sensibilität auf einen beliebigen Wirklichkeitsausschnitt reagieren und führt vor, was sie dabei, bzw. was er alles in dieser Wirklichkeit entdeckt.
Aber – und das macht den Manierismus – es wird in der Wirklichkeit immer wieder nur die Struktur der Autorensensibilität entdeckt. Die Tendenz ist also tautologisch. Die Tendenz des Realisten: kritisch.

2. Über angemessene und unangemessene Ansprüche an den Realismus

Die Werke beider Schreibweisen, der selbstgenügsamen und damit zum Manierismus tendierenden und der kritischen und damit realistischen, haben die Entstehungsbedingung miteinander gemein: die Schreiber antworten auf einen Mangel, den sie erleben. Aber im einen Fall stellt sich der Mangel dar als etwas, was schlechterdings zum menschlichen Leben gehört, im anderen Fall gilt der Mangel als bedingt und die Bedingung ist zu ändern. Die manieristische Ausdruckspraxis will keinen irgendwoher stammenden Anspruch an sich stellen lassen, da sie sich als Kunst versteht, und diese Kunst will sich so wenig mit der Realität vergleichen lassen wie sich früher der Monarch von etwas anderem als unmittelbar von Gott herleiten lassen wollte. Die realistische Ausdruckspraxis stellt an sich selber den Anspruch, nachprüfbar zu sein als Ausdruck eines historischen Moments. Ohne eine gesellschaftliche Funktion sähe sie sich nicht gerechtfertigt, z. B. als Kunst usw. Es ist klar, daß sich nur zu viele Leute finden, die diesen Anspruch der realistischen Schreibweise bereitwillig zu ihrer eigenen Sache machen und sich selbst zu den Prüfern dieses Anspruchs. Der Realismus braucht deshalb andauernd Theorie, damit beantwortet werden kann, welche Ansprüche angemessen sind und welche nicht. In den letzten fünfzig Jahren haben sich fast nur noch Marxisten, bzw. Sozialisten um diese Theorie bemüht. In unserem Bereich haben Benjamin und Lukács durch ihren unausgetragenen Gegensatz die vorläufig letzten Positionen markiert. Zu Benjamin könnte man noch Brecht und Eisler stellen; zu Lukács noch Becher. In der Bundesrepublik ist diese Diskussion, die in den Zwanzigerjahren groß begonnen hat, so gut wie ausgestorben. Oder sie war so gut wie ausgestorben, muß man sagen. Auch das Entstehen der *Gruppe 61* und des *Werkkreises Literatur der Arbeitswelt* mußte dazu führen, daß die Realismusdiskussion wieder begann. Zum Beispiel zur Klärung der Frage, was die realistische Praxis leisten kann und was nicht. Fangen wir mit dem Selbstverständnis an.

Im Vorwort zur 1. Werkkreis-Anthologie, *Ein Baukran stürzt um*, steht: »Das Selbstverständnis, kein Schriftsteller zu sein, ermöglicht eine weitgehende Befreiung von den Erwartungen, die die Literatur, will sie so anerkannt sein, zu befriedigen hat und die der Schreibende erfüllen will, wenn er sich als Schriftsteller fühlt. Erwartungen, die sich zu einem großen Teil den Bedingungen des Literaturbetriebs unter kapitalistischen Verhältnissen unterwerfen müssen, und die sich zum andern aus dem herrschenden bürgerlichen Geschmack bilden, der weitgehend nur noch geschichtlich gerechtfertigt wird.«[5] Inzwischen hat der Werkkreis drei Sammlungen mit Texten von Arbeitern und Angestellten veröffentlicht; was jetzt durch empirisches Urteil begründet werden kann, hätte schon im Vorwort des ersten Werkkreis-Buches erschlossen werden können: es gibt keinen Anlaß, bürgerliche oder sonstige Autoren, die den ganzen Tag schreiben, Profis und die – vorläufig oder immer – am Feierabend Schreibenden, Amateure zu nennen. Ich halte diese drei Textsammlungen für die wichtigsten Anthologien seit 1945. Ihre wirkliche Bedeutung wird erst dann für alle faßbar werden, wenn wir – durch kein neues 1933 unterbrochen – der Demokratie am Arbeitsplatz nähergekommen sein werden; jeder Schritt dahin wird auf den Kulturbetrieb zurückwirken, die sogenannte Arbeitswelt wird nicht mehr exterritorial sein, und die heutigen Werkkreis-Kollegen werden nachträglich als die wirkliche Avantgarde erkannt werden. Es gibt keinen Qualitätsbegriff, auch nicht in der verschrobensten Ecke des Literaturbetriebs, nach dem die Beiträge dieser drei Sammlungen etwa keine Literatur wären. Das Erstaunliche ist, daß die Werkkreis-Aufforderung zu *Berichten* ermuntern wollte, und was zurückkam, waren verschiedene Arten von Prosa, die so schwer entscheidbar aus Monolog, Erzählung, Studie und Bericht zusammengesetzt sind wie heute alle literarische Prosa. Daß das so wirkt, mag an den literarisch entwickelten Maßstäben der Herausgeber liegen. Sie haben vielleicht das weggelassen, was zu sehr von abgelebten bürgerlichen Literaturvorbildern überlagert war. Daß sie aber diese Beiträge überhaupt fanden, zeigt ja, daß unter Arbeitern und Angestellten

---

[5] *Ein Baukran stürzt um*, von Karl D. Bredthauer, Heinrich Pachl und Erasmus Schöfer, München 1970, S. 17.

moderne Schriftsteller sind. Und es wäre grotesk, wenn es nicht so wäre. Aber das Verdienst des Werkkreises bleibt es, dies wieder bewußt gemacht zu haben, nachdem durch den Faschismus alles, was so schon in den Zwanzigerjahren begonnen hatte, ausgerottet worden war. Es gibt sicher inzwischen auch schon Lesebuchkommissionen, die fähig sind, diese Werkkreis-Literatur in den Schulgebrauch zu nehmen, um endlich die Mär von der blinkenden Pflugschar durch die Akkord-Erfahrung zu ersetzen.

Nach meiner Meinung wäre es aber falsch, wenn die Arbeiten aus dem Werkkreis unter der vom Werkkreis selber verwendeten Marke »Arbeiterliteratur« bleiben müßten. Die literarische Antwort, die hier erteilt wird der Frechheit der Chefs, der Nötigung zum Betrug durch die Firma, der Hierarchie der Medizinmandarine, dem Zynismus des Kapitalfunktionärs, dem Wortschatz und der asozialen Hygiene des Unternehmers, der perfekten Unterlegenheit der Arbeitslosen in der Perfektion der Arbeitsbeschaffungsorganisation, dem Tod des Arbeitskollegen und... und... und... — zu den meisten dieser Beiträge könnte man ehrenwerte Vergleichsnamen aus der heutigen Literatur nennen —: diese literarische Antwort empfiehlt, diese Schriftsteller nicht zu Verfassern einer Spezialliteratur zu machen. Wolfgang Röhrer, Horst Kammrad und Harald Schmid stellen in ihrer Programmschrift *Es gibt sie halt, die schreibende ›Fiktion‹* fest: »(...) eine Literaturform, die von vornherein ›bürgerlich‹ ist, gibt es nicht (...)«[6] So ist es. Und deshalb ist es nicht nötig, im Werkkreis die Ideologie einer Spezialliteratur zu pflegen. Dafür gibt es weitere Gründe.

Im Vorwort der letzten Werkkreis-Veröffentlichung, *Lauter Arbeitgeber,* heißt es: »Die Gründung oder Mit-

---

[6] Wolfgang Röhrer, Horst Kammrad, Harald Schmid, *Es gibt sie halt, die schreibende ›Fiktion‹*, in: *Gruppe 61*, Neuwied 1966, S. 199.

arbeit an einer innerbetrieblichen Werkszeitung ist wichtiger als die Veröffentlichung eines Berichtes in einer bürgerlichen Zeitung.«[7] Das steht unter der Überschrift *Nicht beim Literaturmachen stehenbleiben*. Andererseits steht in der schon erwähnten Programmschrift von Röhrer, Kammrad und Schmid einleuchtend genug, daß der Werkkreis sich auch als »Selbsthilfe-Organisation« verstehe, weil es »unter den Werktätigen eine große Zahl von Schreibenden oder Schreibfähigen gebe, deren schöpferische Fähigkeit und kritische Phantasie wegen ihrer benachteiligten sozialen Lage und der entfremdeten beruflichen Tätigkeit zu verkümmern drohen.«[8] Damit fängt doch einmal alles an. Auf diesen durch die Produktionsverhältnisse gehemmten Ausdruckskräften baut der Werkkreis doch auf. Daß er diese zu befreienden Kräfte dann möglichst schnell politisch aktivieren möchte, scheint sinnvoll, weil die erwünschte Aktivität ja eben das ändern soll, was die Werkkreis-Selbsthilfe nötig gemacht hat: das kapitalistische Produktionsverhältnis. Trotzdem halte ich diesen Aktivismus für einen Irrtum der Werkkreis-Kollegen. Ich muß noch einen Satz aus jenem hitzigen Vorwort zitieren: »Die Solidarisierung von Lohnabhängigen in einem Betrieb mit dem Ziel, einen Betriebsrat zu gründen, den der Unternehmer bisher nicht zugelassen hat, ist wichtiger als beispielsweise die Überlegung, ob man sich dem deutschen Schriftstellerverband anschließen solle oder nicht.«[9] Nicht nur weil ich am Eintritt dieses Schriftstellerverbandes in die Gewerkschaft mitarbeite, halte ich das für *keine* Alternative. Ich begreife aber die Befürchtung der Werkkreis-Kollegen – sie kommt an vielen Stel-

---

[7] *Lauter Arbeitgeber*, hrsg. von der Werkstatt Tübingen, Jürgen Alberts, Albert Scherer, Klaus Tscheliesnig, München 1971, S. 14.
[8] *Gruppe 61*, a.a.O., S. 202.
[9] *Lauter Arbeitgeber*, a.a.O., S. 14.

len zum Ausdruck –, die Befürchtung, daß die schreibenden Arbeiter und Angestellten vom aneignungserfahrenen Literaturbetrieb auf Nimmerwiedersehen entdeckt werden könnten. Hier hat der Werkkreis die Chance, den einzelnen vor der Schau-wo-du-bleibst-Situation zu bewahren, ihn zumindest zu stabilisieren gegen einen Literaturbetrieb, der mit seinem als Kritik aufgemachten Streichel- und-Watschen-System so lange am Autor herumurkst, bis der systemgerecht geworden ist. Man konnte kürzlich in der *Süddeutschen Zeitung* einen Bericht von Edmund Wolf lesen, der auf fast groteske Weise zu belegen scheint, wie gewaltig das Aneignungsvermögen des Bürgertums entwickelt ist. Schon die Überschrift ist typisch: *Die erlösten Stimmen. Proletarier schreiben Englands neues Drama*. Um Englands neues Drama schreiben zu können, mußten sie offenbar zuerst von ihrer proletarischen Herkunft »erlöst« werden, und zwar mit Hilfe der BBC und des besonders fortschrittlichen Royal Court Theaters. In dem Bericht heißt es z. B.: »David Mercer, der Marxist, sagt, daß es ihm unmöglich sei, (...) mit Arbeitern zu sprechen (...) Daheim in Wakefield spüre ich noch etwas von der alten Brutwärme, aber sehr bald übermannt mich chronisch-irritierte Langeweile, wir haben einander nichts zu sagen (...) Meine kulturellen Wurzeln und Wahlverwandtschaften binden mich an die Traditionen der Bourgeoisie.«[10] David Mercers Vater war Lokomotivführer, und er hat diesen Vater, muß man nach diesem Statement schon sagen, in seinem Haggerty-Stück erfolgreich ausgebeutet. Und ähnliche und noch groteskere klingende Bekenntnisse gibt es von Alan Sillitoe, Ted Whitehead und anderen. Wird hier eine Art Selbsthaß einfach zurückprojiziert auf die Herkunft? Sind das Karrierenarben? Oder

---

10 Edmund Wolf, *Die erlösten Stimmen. Proletarier schreiben Englands neues Drama*, in: *Süddeutsche Zeitung*, 4./5. März 1972.

ist es Snobismus? Oder verdankt sich das der suggestiven Fragestellung eines Journalisten, dem an solchen Ergebnissen lag? Eines ist sicher, wo auch immer sie selber ihre Wurzeln sehen mögen, wer die Stücke kennt, sieht, daß die Wurzeln in der proletarisch-kleinbürgerlichen Herkunft liegen; was sie schreiben, ist eine Auseinandersetzung mit den Erfahrungen der Klasse, aus der sie stammen. Und deshalb sage ich auch, dieser selbstgefällige Bericht in der bürgerlichen Zeitung *scheint* nur zu belegen, daß sich Werkkreis-Autoren durchweg als Arbeiterschriftsteller verstehen sollten. In Wirklichkeit haben eben diese englischen Autoren in der englischen Gesellschaft eine Wirkung, über die sie selber offenbar nicht Bescheid wissen. Da bekanntlich die Art und Weise, wie man erlebt, sehr früh geprägt wird, ist heute noch viel beweisbarer, was Alexander Alexandrowitsch Bogdanov vor über 50 Jahren schrieb: »Hinter dem Verfasser, dem Individuum, steckt das Kollektiv als Verfasser, die Klasse; und die Dichtung ist ein Teil des Bewußtseins dieser Klasse, des Kollektivs.«[11] Also keine zu große Scheu davor, daß die von Arbeitern und Angestellten geschaffene Literatur ihre Wirkung auch dort ausübe, wo traditionell die bürgerliche Kunst herrscht. Im Gegenteil! Die Theater und das Fernsehen z. B. werden von allen bezahlt, aber einseitig eingesetzt zur Repräsentation und Darstellung der Interessen einer Minderheit. Darauf antwortet man nicht mit Selbstbeschränkung, sondern mit Angriff. Wenn wir wie die Engländer alle paar Jahre ein paar junge Stückeschreiber aus dem Ruhrgebiet hätten, hätten unsere Bühnen schon weniger Recht, die Arbeitskraft so vieler Theater zur Herstellung von möglichst feierlich und brutal ge-

---

[11] Helga Gallas, *Marxistische Literaturtheorie*, Neuwied 1971, S. 77. (Dazu auch: Igor A. Caruso, *Soziale Aspekte der Psychoanalyse*, Stuttgart 1962.)

machten Aufführungen historischer Stücke zu verschwenden. Die wichtigere Frage bei einer Diskussion über das Literaturprodukt ist sowieso die Frage, ob es als Ausdruck eines wirklichen Verhältnisses genügt, ob es den historischen Moment enthält, der es veranlaßt hat. Wenn diese Frage bejaht werden kann, muß man nicht mehr die Wirkung diskutieren, sondern nur noch die Verbreitung organisieren.

Trotz einer Fülle marxistischer Erkenntnis darüber, daß das Wichtigste am Realismus seine nie zum Schema, nie zum Mechanismus erstarrende Fähigkeit sein muß, den historischen Prozeß durch alle Verdinglichungen hindurch zu erkennen und darzustellen, hat sich ein linkes Mißverständnis und ein unangemessener Anspruch gegenüber der Literatur gebildet und erhalten: am deutlichsten von Georg Lukács ausgearbeitet und verbreitet; am knappsten formuliert in seinem Aufsatz *Es geht um den Realismus:* für den »bedeutenden Realisten« sagte Lukács, entstehe »eine ungeheure, eine doppelte künstlerische wie weltanschauliche Arbeit: nämlich erstens das gedankliche Aufdecken und künstlerische Gestalten der Zusammenhänge; zweitens aber, und unzertrennbar davon, das künstlerische Zudecken der abstrahiert erarbeiteten Zusammenhänge – die Aufhebung der Abstraktion.«[12] Soviel wenigstens ist von diesem Mißverständnis noch übrig geblieben, daß man unter Linken einen völlig unrealistischen Optimismus hinsichtlich der Herstellbarkeit des sogenannten Kunstwerks antrifft. Analytisch aufdecken, künstlerisch zudecken.

Die Auswahl der Werkkreis-Anthologien beweist, daß in ihrer Praxis keine Lukács-Gestaltungstheorie mehr herumspukt – dazu werden viel zu viel »offene« Formen

---

[12] Georg Lukács, *Es geht um den Realismus*, in *Marxismus und Literatur*, a.a.O., Bd. II, S. 69 f.

präsentiert –, aber einen Rest des linken Köhlerglaubens findet man noch in den Werkkreis-Kommentaren; da ist öfter vom Literarischen die Rede, als handle es sich dabei um das Verpackungsmaterial für eine Ware, die es auch ohne Verpackung schon gibt und die man durch die Verpackung besser an den Mann zu bringen hofft. Ich kann nicht eine Ungeduld kritisieren, die ihren Anlaß in den menschenunwürdigen Bedingungen der kapitalistischen Produktion hat. Aber daß Literatur einfach verfehlt werden muß, wenn man sie für nichts als für eine Frage der Verpackung, also der Form hält – denn um nichts anderes als einen negativen Formalismus handelt es sich da –, das kann der Blick in die linke Literaturgeschichte lehren. Aber noch wichtiger als das, scheint mir, daß man von den gerade zum Literaturmachen Befreiten nicht sofort wieder verlangen sollte, ja nicht beim Literaturmachen stehen zu bleiben. In dieser Forderung findet sich jene linke Ungeduld, die im Grunde genommen Literatur für überflüssig hält. Für einen Umweg. Wer selber sein Bewußtsein mit direkter Information und durch politische Praxis entwickelt, für den hat dann Literatur nur noch den Sinn, möglichst schnell Praxis zu ermöglichen oder in Praxis überzugehen. Auch er glaubt, es gibt Kenntnisse, die man noch nachträglich in eine möglichst zündende literarische Verpackung wickelt. Für einen Schriftsteller ist mit dieser Ansicht kein Frieden zu schließen, kein Bündnis einzugehen. Schreiben ist für Schriftsteller die Herstellung des Ganzen. »Kunst geht aufs Ganze«, hat Johannes R. Becher gesagt.[13] Und sein Landsmann Hölderlin hat gesprochen von der »Vollständigkeit (...) des Bewußtseins«, »womit der Dichter auf ein Ganzes blickt«.[14] Das heißt doch, was

---

13 Helga Gallas, a.a.O., S. 79.
14 Friedrich Hölderlin, *Sämtliche Werke*, Kleine Stuttgarter Ausgabe, Bd. 4, Stuttgart 1962, S. 162.

Literatur leisten kann, das kann man nur ganz haben oder gar nicht. Man kann dem Literaturprodukt Informationen, Meinungen, Standpunkte *entnehmen,* aber man kann nicht Informationen, Meinungen und Standpunkte nehmen und daraus Literatur machen. Das heißt: man kann Literatur nicht in Dienst nehmen. Literatur ist von Anfang an Befreiungsenergie, als solche dient sie von selbst zum Herrschaftsabbau. Und noch ist nirgends eine Gesellschaft entstanden, wo diese Funktion überflüssig geworden wäre. Das nutzlose und übereilte Indienstnehmen der Literatur kommt wahrscheinlich daher, daß man 1. die nichts als subjektivistische, in der Tautologie verendende Herrschaftsliteratur vermeiden wollte und daß man 2. der um ihr Recht kämpfende Klasse auf schnellem Weg und mit allen Mitteln zum Selbstbewußtsein verhelfen wollte oder mußte.

Wir arbeiten jetzt unter anderen Bedingungen. Vor allem kann man jetzt über den Arbeitsvorgang des sogenannten Künstlers nicht mehr mit dem idealistischen Optimismus feudaler und hochbürgerlicher Zeiten sprechen und dafür die aus heruntergekommenem Religionsgut stammenden Wörter wie *Inspiration* und *schöpferisch* verwenden.

Jetzt kann man wissen, daß es keine nennenswerten Erfahrungen gibt, die einer allein macht. Also die Kunst hat keine subjektive Wurzel. Erfahrungen machen alle; erleiden alle. Wie man aber vom Erleiden zum Ausdruck, von der Wut zum Wissen kommt, das wiederum ist nicht damit beschrieben, daß man sagt, wer die Begabung hat, wer schöpferisch ist, der kann das eben, der deckt auf und deckt wieder zu, der beherrscht die Form, von dem kann man, wenn man ihn richtig konditioniert, etwas Bestimmtes verlangen. Auch das halte ich für idealistische Denkweise. Ausarbeitenswert wäre vielmehr die Erkenntnis, daß künstlerische Arbeit von selbst durch und durch gesellschaftlich ist, Ausdruck einer Klassensituation. Und weil das von selbst, ohne Auftragserteilung so ist, läßt sich daraus auch die gesellschaftliche Funktion und Brauchbarkeit von Literatur erkennen. Wäre es für alle gleichermaßen sinnfällig, was ihre Erfahrungen für sie bedeuten, dann wäre die Spezialarbeit der Literatur nicht notwendig, und die Demokratie wäre morgen zu haben. In Wirklichkeit werden uns aber unsere wirklichen Erfahrungen verstellt. Trotzdem beginnen immer einige, ihre Erfahrungen anzuwenden. Warum? Vielleicht sind sie weniger stabil oder sie werden ermutigt durch die fortschrittliche Literatur oder durch den Werkkreis. Und trotz der Betonung der Technik und des Machenkönnens, der man auch im Umkreis Benjamins und Brechts begegnet – was auch mit deren Herkunft zu tun haben mag –, ich halte die Not immer noch für einen unverächtlichen Produktionsanlaß. Ich halte es immer noch für möglich, daß einer schreibt, weil es ihm sonst zu viel wird, weil er die Schnauze voll hat, weil es ihm jetzt allmählich reicht, weil er sich nicht mehr anders helfen kann, weil er sonst nicht mehr weiter weiß. Meistens gibt das Lesen den letzten Ausschlag. In den Büchern ist ja schon immer mehr Menschenrecht verwirklicht als irgendwo sonst in der Welt. Und wer nicht liest, schreibt auch nicht.

Aber diese anfängliche Spontaneität geht rasch über in einen Arbeitsprozeß. Die sich vom Schreibenden entfernenden Sätze stehen ihm gegenüber. Je mehr von ihm selber da steht, desto mehr muß er sich in der Folge danach richten. Es gibt ein Hin und Her zwischen ihm und dem Geschriebenen. Er erfährt durch das Schreiben mehr von sich, als er wußte. Zum Beispiel über die Erfahrungen seiner Klasse. Er hatte das nicht so parat. Aber jetzt wird es aufgerufen, abgerufen, jetzt wird es anschaubar, nachprüfbar. Stimmt es? hält es sich? ist es eine Antwort auf das, was ihm passiert ist? ist ihm so zumute? ist es das, was er immer schon einmal sagen wollte? kann er das dem Kollegen Sowieso zum Lesen geben? kann der das bestätigen? ist es auch nicht übertrieben? man will sich ja nicht lächerlich machen. Erika Ruckdäschel hat in der ersten Werkkreis-Anthologie geschrieben: »Es geht mir aber auch darum, daß ich in letzter Zeit glaube, ich könnte die Dinge und Vorgänge besser verstehen, wenn ich sie ausdrücke.«[15] Das heißt, durch das Schreiben verändert sie sich. Es ist ihr durch das Schreiben klar geworden, was in ihren Erfahrungen steckte. Sie hat es herausgebracht. Wenn sich einer ein 2. Mal zum Schreiben hinsetzt, tut er es schon weniger spontan, also schon gewitzter. Er beginnt, sich und seinen schwer durchschaubaren Vorrat von Erfahrungen zu provozieren. Durch sozusagen technische Veranstaltungen. Er teilt sich auf in einen Dialog. Arrangiert etwas als eine Folge von Fragen. Versetzt es in verschiedene Zeiten, usw. Bei den einzelnen Veranstaltungen merkt er sehr schnell, was bei ihm zieht und was nicht. So lernt er immer besser dieses Spiel mit sich selbst, dieses Sich-in-Bewegung-Bringen, Sich-abklopfen bis in den untersten, d. h. am weitesten abgesunkenen Erfahrungsbereich. Und was er entdeckt: er ist kein einzelner. Und die wichtigsten Erfahrungen sind offenbar die, die die meisten Leute machen. Natürlich ist es für ihn ganz entscheidend, mit Kollegen diese Schreibarbeit zu diskutieren. Aber soviel er auch dazulernt, so wichtig für ihn das Erlernen alles Methodischen ist: wirklich lernen kann er nur das Erfahren, nicht das Schreiben. Der Blick auf die Wirklichkeit, der wird trainiert. Aber das Schreiben bleibt ein komplizierter, nicht unmittelbar kommandierbarer Vorgang. Im Gegenteil, je weiter es sich von der anfänglichen

---

15 Erika Ruckdäschel, *Der Hohlraum*, in: *Ein Baukran stürzt um*, a.a.O., S. 112 ff.

Spontaneität entfernt, desto schwieriger wird es. Für jeden. Aber so wie der Schreiber sich durch das Schreiben änderte, so kann sich, weil Lesen nur eine andere Art von Schreiben ist, auch der Leser ändern. Wie kann das vor sich gehen? Der Schreiber macht mit jedem Satz, den er aus sich entfernt, etwas wortfest und anschaubar, was vorher schwankend, unsicher, flüchtig, unentschieden war. Wenn Peter Neuneier in seinem Roman *Akkord ist Mord* zu dem Satz kommt: »Wenn man für seine paar Kröten so schuften muß wie ich, ist das ganze Leben beschissen!«[16], dann hat er damit die Stimmung des Ausgebeuteten plakatreif, lesebuchreif, auf jeden Fall überlieferungsreif zum Ausdruck gebracht. Aber der nächste Satz heißt dann: »Ich habe abends schon Angst vor dem nächsten Morgen.« Dieser Satz ist entstanden, weil der Satz vorher anschaubar geworden war, er ist eine Antwort auf ihn. Erst dieser Satz von der Angst, glaube ich, hat eine entdeckerische Funktion. Der Satz vorher faßt etwas exemplarisch zusammen, was jeder Ausgebeutete schon so weiß. Der Satz mit der Angst setzt sich der Stimmung des ersten Satzes entgegen. Er setzt diese Stimmung nicht fort. Er springt. Dadurch produziert er eine neue Qualität. Der konstatierende Satz wirkt abschließend, Resignation stiftend. Der entdeckerische Satz wirkt aktivierend. Mit einer beschissenen Lage gibt es eine Vereinbarung: man findet sich ab. Angst ist unerträglich, zwingt zum Handeln. Und so weiter. Wenn der Schreiber also durch die Tätigkeit des Schreibens auf vollkommen dialektische Weise Bewußtsein gebildet hat, dann kann der Leser nicht umhin, diese Bewußtseinsbildung zumindest im Augenblick mitzumachen. Entdeckt er in der hier produzierten Erfahrung auch noch sein Interesse, dann aktiviert er den

---

[16] Peter Neuneier, *Akkord ist Mord*, Köln 1972, S. 65.

Prozeß des Schreibers um so heftiger auch in seinem Bewußtsein.
Ich kann mir nicht vorstellen, daß sich dieser Vorgang simulieren läßt. Das heißt, ein Schreiber, der alles schon weiß, oder alles schon besser weiß, der kann nicht mehr so schreiben, daß es zu jener spannenden Entdeckungsfahrt kommt, an der der Leser dann wirklich teilnimmt. Wenn der Autor die Arbeit des Schreibens nicht zur eigenen Veränderung braucht, dann wird er auch keinen anderen verändern. Möchte ich behaupten. Und das, soweit es Literatur betrifft. Pädagogik ist vielleicht (!) etwas anderes. Was für den Autor nicht notwendig ist, wird für den Leser schon gar nicht notwendig. (Ich meine natürlich nicht, daß eine Erregtheit und Bewegtheit, in die man bei der Schreibarbeit geraten kann, die Sätze und damit den Leser in Schwung bringen soll, sondern ich meine die Strecke, die der Autor schreibend zurücklegt. Er ist nachher nicht mehr, wo er vorher war oder nicht mehr der, der er war. Das ist das, was sich mitteilt.) Und dieses ihn selbst verändernde Schreiben, ist das Handeln des Schriftstellers. Es ist schon gehandelt, wenn einer über Monate ein »Betriebstagebuch« führt, in dem er auf alle Finten eines Chefs dadurch antwortet, daß er sie in Prosa darstellt.[17] So behauptet er sich. Und wenn er das anderen anbietet und sie, als Kenner, stimmen zu, dann entfaltet das Literaturprodukt seine organisierende Kraft. Wem die Literatur eine zu langwierige Wirkungsweise hat, der muß sich eine andere Art zu handeln suchen. Aber nur Enttäuschung und Resignation oder Einschüchterung und Entfremdung kann die Folge sein, wenn von der Literatur Wirkungen wie im Hau-ruck-Verfahren erwartet werden. Verglichen mit dem unmittelbaren politischen Handeln

17 Helmut Creutz, *Bilanz mit Fünfzig*, in: Lauter Arbeitgeber, a.a.O., S. 67 ff.

wird Schreiben unter allen Umständen eine mindere Art des Handelns bleiben. Brecht eröffnet seine *Thesen für proletarische Literatur* so: »Kämpfe, indem du schreibst! Zeige, daß du kämpfst! Kräftiger Realismus! Die Realität ist auf deiner Seite, sei du auf ihrer! Laß das Leben sprechen!«[18]

Im Gesicht eines auf seine Verlorenheit eher stolzen Schriftstellers können solche Aussprüche schmerzliches Zucken hervorrufen. Das ist das wirklich Erstaunliche, daß den meisten, die in der Kulturindustrie arbeiten, immer mehr verlorengeht, was der Anlaß zu dieser Arbeit war: *daß sie Leben erhalte und menschenwürdig mache.* Inzwischen fühlt sich einer schon gerechtfertigt, wenn er zur Verdinglichung der Brutalität, zur Verabsolutierung der Verzweiflung, zur Fetischisierung der menschlichen Unmenschlichkeit ein paar neue Zuckungen liefert. Bewußtsein, das von sich keine Arbeit mehr verlangt, sondern sich mit Reaktion begnügt und alle anderen einlädt, die genießbar gemachte Heillosigkeit ebenso reaktiv, so passiv zu genießen, dieses Bewußtsein ist vom Bewußtsein, das den Massen den status quo als heile Welt verkauft, überhaupt nicht verschieden: beide feiern die Geschichtslosigkeit; beide sind stolz auf ihren antiaufklärerischen Effekt; die Praxis beider, der Virtuosen der Schwärze und der des Vergoldens, wirkt zynisch, verglichen mit der gesellschaftlichen Praxis. Beide dekorieren einen Zustand wie für immer, obwohl sie doch ursprünglich zu dessen Veränderung berufen waren. Das ist, glaube ich, der wichtigste Beitrag des Werkkreises zur gegenwärtigen Szene: in jeder Zeile dieser Literatur werden die Virtuosen der menschlichen Inkompetenz als inkompetent für das Menschliche entlarvt. Als realistische Literatur

18 Bertolt Brecht, *Thesen für proletarische Literatur*, in: *Schriften zur Literatur und Kunst*, Frankfurt 1967, Bd. II, S. 204.

zeigt sie, was wirklich geschieht, und fordert dadurch, was geschehen muß.
(Und zur Fortsetzung der Diskussion im nächsten Medium, dem Film, und als ein Hinweis darauf, daß Walter Benjamin und wahrscheinlich seine ganze ästhetische Fraktion ein unhaltbares Vertrauen auf die Veränderung der Produktionsweise setzten, ein Zitat aus dem *Spiegel*, das beweist, daß sich beim Film ganz genau der aus der Literatur bekannte Vorgang wiederholt: Vom selbstgenügsamen Macher bis zum Service durch Pseudokritik; da heißt es also: »So existiert nach Kubrick keine Zivilisation ohne Gewalt? Die pure Story, in der Tat, läßt den Autor als reaktionären Pessimisten erscheinen. Seine artifizielle Vollkommenheit jedoch hat ihn schon rehabilitiert: die Musik ist meist elektronisch verfremdet, die Interieurs erscheinen grotesk stilisiert, und alle Charaktere sind Karikaturen. Der Film, obschon glatt und offensichtlich ohne ›Humanität‹ *(Time)*, läßt jede Deutung zu.«[19])

(1972)

---

19 *Brutalität in Serie*, in: *Der Spiegel*, Nr. 8, 1972, S. 129.

Nachwort

Diese Aufsätze und Reden sind, bis auf eine Ausnahme *(Wahlgedanken)*, durch Aufträge entstanden. Ich fühle mich diesen Auftraggebern verpflichtet und möchte sie deshalb hier nennen. Zugleich kann die Mitteilung der Entstehungsbedingungen einen Einblick geben in die Arbeitswelt des Schriftstellers.

1. *Über die Neueste Stimmung im Westen.* Am 29. und 30. Juni 1968 (Wochenende) fand in Freiburg ein Symposium statt unter dem Titel: »Für und wider die zeitgenössische Literatur in Europa und Amerika«. Eingeladen hatte Professor Peter Heller (USA) im Auftrag des »Instituts für Atlantische Studien« in Verbindung mit dem Deutschen und dem Englischen Seminar der Universität Freiburg. Wichtigster Redner dieses Wochenendes: Leslie A. Fiedler; Titel seines Vortrags: *The Case for Post-Modernism.* Im September druckte Wolfgang Igneé den Fiedler-Vortrag in *Christ und Welt* und forderte deutsche Kollegen auf, darauf zu antworten. Der Aufforderung folgten u. a. Rolf Dieter Brinkmann, Titel: *Ich hasse alte Dichter*; Peter O. Chotjewitz, Titel: *Feuerlöscher für Aufgebratenes;* Wolfgang Hädecke, Titel: *Fossil mit Vernunft;* ich, Titel *Mythen, Milch und Mut.* Im Dezember 68 polemisierte Peter Handke in der *Zeit* gegen die Sprache einer Berliner SDS-Gruppe. Im März 69 gaben R. D. Brinkmann und R. R. Rygulla *Acid* heraus. Jetzt arbeitete ich meine Freiburger Diskussionserfahrungen aus zu diesem Aufsatz, der dann im März 1970 im *Kursbuch* 20 erschien. H. M. Enzensbergers Kritik half mir, einige durchs Behaupten entstandene Fehler zu korrigieren.

2. *Hölderlin zu entsprechen*: Im November 1969 fragte mich Professor Dr. Wilhelm Hoffmann im Auftrag der Hölderlin-Gesellschaft, ob ich bei der Feier zum 200. Geburtstag Hölderlins sprechen könne. Da ich diesen Dichter immer schon mehr gelesen und verehrt als studiert hatte, nutzte ich die Gelegenheit, und studierte 8 Wochen lang Hölderlin und arbeitete die Rede aus.

3. *Für eine IG Kultur*: Am 8. Juni 1969 wurde der Verband deutscher Schriftsteller gegründet; vom 20.–23. November 1970 fand der 1. Kongreß dieses Verbandes in Stuttgart statt. Im Sommer 1970 hatte Dieter Lattmann mich im Auftrag des Vorstands eingeladen, auf diesem Kongreß zu sprechen. Dafür schrieb ich dann diese Rede. Mit Friedrich Hitzer, Eckart Spoo u. a. bildete ich nach dem Kongreß einen »Arbeitskreis Kulturindustrie«, in dem, wohl zum 1. Mal, Kollegen aller Branchen des Kulturbetriebs zu Tagungen zusammenkamen, um ihre Erfahrungen zu kumulieren zum Zweck der gemeinsamen Organisierung.

4. *Kapitalismus* oder *Demokratie*: Im Sommer 1970 schlug mir Herr Dr. Hanns H. Fritze, der Geschäftsführende Vorsitzende der »Bürgerrechtsgesellschaft im Bodenseegebiet e. V.« vor, auf der Konstanzer Jungbürgerfeier, am 8. 11. 1970, zu sprechen. Da ich, als ich in Friedrichshafen gewohnt hatte, auch dort einmal auf einer Jungbürgerfeier gesprochen hatte (*Die Parolen und die Wirklichkeit*, in: *Heimatkunde*, edition suhrkamp 269), fühlte ich mich verpflichtet, jetzt, in der Nähe von Konstanz wohnend, dort auch zu sprechen.

5. *Heimatbedingungen:* Dr. Uwe Schultz veranstaltete im Hessischen Rundfunk eine Sendereihe über das Thema: »Wie heimatlos ist die Linke heute?« Ich war mit meiner Antwort im Februar 1972 an der Reihe.

6. *Wahlgedanken*: Dafür hatte ich keinen Auftraggeber

als das Wahljahr. Ich schickte mein Manuskript an den *Spiegel;* Walter Busse schrieb mir nach Wochen, er finde, vom Urlaub zurück, auf seinem Tisch, »die schlichte Auskunft unserer Chefredaktion, der Herren Engel und Gaus, daß sie Ihre Wahlgedanken im *Spiegel* nicht veröffentlichen wollen«. Busse merkte noch freundlich an. daß er mir gerne »einen zitierbaren Grund« mitgeteilt hätte. Aber die Herren Engel und Gaus hatten ihm den offenbar nicht geliefert. Ich schickte das Manuskript an Hellmuth Karasek *(Die Zeit);* nachdem ich es gekürzt hatte, konnte es, versehen mit einem Geleit-Artikel der Chefredakteurin Gräfin Dönhoff, noch rechtzeitig (10. 11. 72) in der *Zeit* erscheinen. Ich hatte das Gefühl, mit diesem Geleit-Artikel hätte die *Zeit* ein bißchen zuviel des Guten getan. Aber 2 Wochen später veröffentlichte die *Zeit* eine halbe Seite Leserbriefe, die alle gegen jenen Artikel der Chefredakteurin Stellung nahmen. Das beeindruckte mich sehr.

7. *Wie und wovon handelt Literatur*: Der »Werkkreis Literatur der Arbeitswelt« hielt vom 11.–14. 5. 72 in Frankfurt seine Delegierten-Tagung ab. Erasmus Schöfer hatte mich zu dieser Tagung eingeladen. Mein Referat löste Für und Wider aus. Für mich war die Diskussion lehrreich. An der Werkkreis-Arbeit nach meinen Möglichkeiten teilzunehmen, ist für mich dadurch noch wichtiger geworden.

Zeittafel

1927	Geboren in Wasserburg/Bodensee, am 24. März
1938-1943	Oberschule in Lindau
1944-1945	Arbeitsdienst, Militär
1946	Abitur
1946-1948	Studium an der Theologisch-Philosophischen Hochschule Regensburg. Studentenbühne
1948-1951	Studium an der Universität Tübingen (Literatur, Geschichte, Philosophie)
1951	Promotion bei Prof. Dr. Friedrich Beißner mit einer Arbeit über Franz Kafka
1949-1957	Mitarbeit beim Süddeutschen Rundfunk (Politik und Zeitgeschehen) und Fernsehen. In dieser Zeit Reisen für Funk und Fernsehen nach Italien, Frankreich, England, ČSSR und Polen
1955	*Ein Flugzeug über dem Haus und andere Geschichten* Preis der »Gruppe 47« (für die Erzählung *Templones Ende*)
1957	*Ehen in Philippsburg*. Roman. Hermann-Hesse-Preis (für den Roman *Ehen in Philippsburg*). Umzug von Stuttgart nach Friedrichshafen
1958	Drei Monate USA-Aufenthalt, Harvard-International-Seminar
1960	*Halbzeit*. Roman
1961	*Beschreibung einer Form* (Druck der Dissertation)
1962	*Eiche und Angora*. Eine deutsche Chronik. Gerhart-Hauptmann-Preis
1964	*Überlebensgroß Herr Krott*. Requiem für einen Unsterblichen. *Lügengeschichten*. *Der Schwarze Schwan* (geschrieben 1961/64)
1965	*Erfahrungen und Leseerfahrungen*. Essays. Schiller-Gedächtnis-Förderpreis des Landes Baden-Württemberg
1966	*Das Einhorn*. Roman
1967	*Der Abstecher* (geschrieben 1961). *Die Zimmerschlacht* (geschrieben 1962/63 und 1967). Bodensee-Literaturpreis der Stadt Überlingen

1968	*Heimatkunde*. Aufsätze und Reden
	Umzug nach Nußdorf
1970	*Fiction*
	Ein Kinderspiel
1971	*Aus dem Wortschatz unserer Kämpfe*. Szenen
1972	*Die Gallistl'sche Krankheit*. Roman
1973	*Der Sturz*. Roman

Von Martin Walser erschienen im Suhrkamp Verlag

Ein Flugzeug über dem Haus und andere Geschichten, 1955
Ehen in Philippsburg. *Roman*, 1957
Halbzeit. *Roman*, 1960
Das Einhorn. *Roman*, 1966
Fiction, 1970
Die Gallistl'sche Krankheit. *Roman*, 1972
Der Sturz. *Roman*, 1973

edition suhrkamp

Eiche und Angora. Eine deutsche Chronik
edition suhrkamp 16
Ein Flugzeug über dem Haus und andere Geschichten
edition suhrkamp 30
Überlebensgroß Herr Krott. Requiem für einen Unsterblichen
edition suhrkamp 55
Lügengeschichten
edition suhrkamp 81
Der Schwarze Schwan. *Stück*
edition suhrkamp 90
Erfahrungen und Leseerfahrungen
edition suhrkamp 109
Der Abstecher/Die Zimmerschlacht. *Stücke*
edition suhrkamp 205
Heimatkunde. Aufsätze und Reden
edition suhrkamp 269
Ein Kinderspiel. *Stück*
edition suhrkamp 400

suhrkamp taschenbuch

Gesammelte Stücke
suhrkamp taschenbuch 6
Halbzeit. Roman
suhrkamp taschenbuch 94

Über Martin Walser

Herausgegeben von Thomas Beckermann
edition suhrkamp 407

Der Band enthält Arbeiten von:
Klaus Pezold, Martin Walsers frühe Prosa.
Walter Huber, Sprachtheoretische Voraussetzungen und deren Realisierung im Roman »Ehen in Philippsburg«.
Thomas Beckermann, Epilog auf eine Romanform. Martin Walsers »Halbzeit«.
Wolfgang Werth, Die zweite Anselmiade.
Klaus Pezold, Übergang zum Dialog. Martin Walsers »Der Abstecher«.
Rainer Hagen, Martin Walser oder der Stillstand.
Henning Rischbieter, Veränderung des Unveränderbaren.
Werner Mittenzwei, Der Dramatiker Martin Walser.
Außerdem sind Rezensionen abgedruckt von Hans Egon Holthusen, Paul Noack, Walter Geis, Adriaan Morriën, Rudolf Hartung, Roland H. Wiegenstein, Karl Korn, Friedrich Sieburg, Jost Nolte, Reinhard Baumgart, Wilfried Berghahn, Werner Liersch, Urs Jenny, Rolf Michaelis, Günther Cwojdrak, Rudolf Walter Leonhardt, Katrin Sello, Rémi Laureillard, Joachim Kaiser, Rudolf Goldschmit, Hellmuth Karasek, Christoph Funke, Johannes Jacobi, Ernst Schumacher, Jean Jacques Gautier, Clara Menck, Jörg Wehmeier, Helmut Heißenbüttel, Ingrid Kreuzer, Ernst Wendt, André Müller, François-Régis Bastide und Marcel Reich-Ranicki.
Er wird beschlossen durch eine umfangreiche Bibliographie der Werke Martin Walsers und der Arbeiten über diesen Autor.

Bibliothek Suhrkamp

557 Ludwig Hohl, Varia
559 Raymond Roussel, Locus Solus
560 Jean Gebser, Rilke und Spanien
561 Stanisław Lem, Die Maske · Herr F.
562 Raymond Chandler, Straßenbekanntschaft Noon Street
563 Konstantin Paustowskij, Erzählungen vom Leben
564 Rudolf Kassner, Zahl und Gesicht
565 Hugo von Hofmannsthal, Das Salzburger große Welttheater
567 Siegfried Kracauer, Georg
568 Valery Larbaud, Glückliche Liebende ...
570 Graciliano Ramos, Angst
571 Karl Kraus, Über die Sprache
572 Rudolf Alexander Schröder, Ausgewählte Gedichte
573 Hans Carossa, Rumänisches Tagebuch
574 Marcel Proust, Combray
575 Theodor W. Adorno, Berg
576 Vladislav Vančura, Der Bäcker Jan Marhoul
577 Mircea Eliade, Die drei Grazien
578 Georg Kaiser, Villa Aurea
579 Gertrude Stein, Zärtliche Knöpfe
580 Elias Canetti, Aufzeichnungen
581 Max Frisch, Montauk
582 Samuel Beckett, Um abermals zu enden
583 Mao Tse-tung, 39 Gedichte
584 Ernst Kreuder, Die Gesellschaft vom Dachboden
585 Peter Weiss, Der Schatten des Körpers des Kutschers
586 Herman Bang, Das weiße Haus
587 Herman Bang, Das graue Haus
588 Hermann Broch, Menschenrecht und Demokratie
589 D. H. Lawrence, Auferstehungsgeschichte
590 O'Brien, Zwei Vögel beim Schwimmen
591 André Gide, Die Rückkehr des verlorenen Sohnes
592 Jean Gebser, Lorca oder das Reich der Mütter
593 Robert Walser, Der Spaziergang
594 Natalia Ginzburg, Caro Michele
595 Rachel de Queiroz, Das Jahr 15
596 Hans Carossa, Ausgewählte Gedichte
597 Mircea Eliade, Der Hundertjährige
599 Hans Mayer, Doktor Faust und Don Juan
600 Thomas Bernhard, Ja
601 Marcel Proust, Der Gleichgültige

602 Hans Magnus Enzensberger, Mausoleum
603 Stanisław Lem, Golem XIV
604 Max Frisch, Der Traum des Apothekers von Locarno
605 Ludwig Hohl, Vom Arbeiten · Bild
606 Herman Bang, Exzentrische Existenzen
607 Guillaume Apollinaire, Bestiarium
608 Hermann Hesse, Klingsors letzter Sommer
609 René Schickele, Die Witwe Bosca
610 Machado de Assis, Der Irrenarzt
611 Wladimir Trendrjakow, Die Nacht nach der Entlassung
612 Peter Handke, Die Angst des Tormanns beim Elfmeter
613 André Gide, Die Aufzeichnungen und Gedichte des André Walter
614 Bernhard Guttmann, Das alte Ohr
616 Ludwig Wittgenstein, Bemerkungen über die Farbe
617 Paul Nizon, Stolz
618 Alexander Lernet-Holenia, Die Auferstehung des Maltravers
619 Jean Tardieu, Mein imaginäres Museum
620 Arno Holz / Johannes Schlaf, Papa Hamlet
621 Hans Erich Nossack, Vier Etüden
622 Reinhold Schneider, Las Casas vor Karl V.
624 Ludwig Hohl, Bergfahrt
627 Vladimir Nabokov, Lushins Verteidigung
628 Donald Barthelme, Komm wieder, Dr. Caligari
629 Louis Aragon, Libertinage, die Ausschweifung
630 Ödön von Horváth, Sechsunddreißig Stunden
631 Bernhard Shaw, Sozialismus für Millionäre
633 Lloyd deMause, Über die Geschichte der Kindheit
634 Rainer Maria Rilke, Die Sonette an Orpheus
635 Aldous Huxley, Das Lächeln der Gioconda
637 Wolf von Niebelschütz, Über Dichtung
638 Henry de Montherlant, Die kleine Infantin
639 Yasushi Inoue, Eroberungszüge
640 August Strindberg, Das rote Zimmer
641 Ernst Simon, Entscheidung zum Judentum
642 Albert Ehrenstein, Briefe an Gott
645 Marie Luise Kaschnitz, Beschreibung eines Dorfes
646 Thomas Bernhard, Der Weltverbesserer
647 Wolfgang Hildesheimer, Exerzitien mit Papst Johannes
648 Volker Braun, Unvollendete Geschichte
649 Hans Carossa, Ein Tag im Spätsommer 1947
651 Regina Ullmann, Ausgewählte Erzählungen
652 Stéphane Mallarmé, Eines Faunen Nachmittag
653 Flann O'Brien, Das harte Leben
654 Valery Larbaud, Fermina Márquez
671 Yehudi Menuhin, Kunst und Wissenschaft als verwandte Begriffe

edition suhrkamp

897 Ralph-Rainer Wuthenow, Muse, Maske, Meduse
898 Cohen/Taylor, Ausbruchversuche. Identität und Widerstand
901 Der bürgerliche Rechtsstaat. Herausgegeben von Mehdi Tohidipur
902 Ernest Borneman, Psychoanalyse des Geldes
903 Steven Marcus, Umkehrung der Moral
904 Alfred Sohn-Rethel, Warenform und Denkform
905 Beiträge zur Soziologie der Gewerkschaften. Hrsg. von Joachim Bergmann
906 Brecht-Jahrbuch 1977
907 Horst Kern, Michael Schumann, Industriearbeit und Arbeiterbewußtsein
908 Julian Przyboś, Werkzeug aus Licht
910 Peter Weiss, Stücke II
913 Martin Walser, Das Sauspiel mit Materialien. Herausgegeben von Werner Brändle
916 Dürkop/Hardtmann (Hrsg.), Frauen im Gefängnis
917 Bowles S./Gintis H., Pädagogik und die Widersprüche der Ökonomie
918 Klaus-Martin Groth, Die Krise der Staatsfinanzen
920 Tagträume vom aufrechten Gang. Sechs Interviews mit Ernst Bloch, Herausgegeben von Arno Münster
921 Silvia Bovenschen, Die imaginierte Weiblichkeit
922 Anderson, Von der Antike zum Feudalismus
923 Sozialdemokratische Arbeiterbewegung, Band 1, Herausgegeben von Wolfgang Luthardt
925 Friedensanalysen 6
927 Ausgewählte Gedichte Brechts, Herausgegeben von Walter Hinck
928 Betty Nance Weber, Brechts ›Kreidekreis‹
929 Auf Anregung Bertolt Brechts: Lehrstücke. Herausgegeben von Reiner Steinweg
930 Walter Benjamin, Briefe 1 und 2. Herausgegeben von Gershom Scholem und Theodor W. Adorno
932 Jugendarbeitslosigkeit. Herausgegeben von Gero Lenhardt
933 Ute Gerhard, Verhältnisse und Verhinderungen
934 Sozialdemokratische Arbeiterbewegung, Band 2, Herausgegeben von Wolfgang Luthardt
935 Literatur ist Utopie. Herausgegeben von Gert Ueding
936 Berger/Heßler/Kavemann, Brot für heute, Hunger für morgen
937 Labrousse, Lefebvre, Soboul u. a. Geburt der bürgerlichen Gesellschaft 1789. Herausgegeben von I. A. Hartig
938 Habermas, Bovenschen u. a., Gespräche mit Marcuse
939 Thomas Brasch, Rotter Und weiter
940 Simone Weil, Fabriktagebuch
941 Ute Volmerg, Identität und Arbeitserfahrung

942 Klaus Eßer, Lateinamerika
943 Gewerkschaften und Strafvollzug, Hrsg. v. Lüderssen u. a.
944 Alexander von Brünneck, Politische Justiz
945 Jacques Derrida, Die Stimme und das Phänomen
948 Thompson/Caspard/Puls; Alltagspraxis, Wahrnehmungsformen, Protestverhalten
949 Julia Kristeva, Die Revolution der poetischen Sprache
950 Perry Anderson, Die Entstehung des absolutistischen Staates
951 Grundrechte als Fundament der Demokratie, hrsg. von Joachim Perels
954 Elias/Lepenies, Zwei Reden. Theodor W. Adorno-Preis 1977
955 Friedensanalysen 7
956 Brecht-Jahrbuch 1978. Hrsg. Fuegi/Grimm/Hermand
957 Gesellschaft, Beiträge zur Marxschen Theorie 11
958 Friedensanalysen 8
959 Martin Walser, Wer ist ein Schriftsteller?
960 Albert Soboul, Französische Revolution und Volksbewegung
962 Bettelheim/Mészáros/Rossanda u. a., Zurückforderung der Zukunft
963 Starnberger Studien 2
964 Nach dem Protest. Literatur im Umbruch. Herausgegeben von W. Martin Lüdke
966 Kern, Kampf um Arbeitsbedingungen
967 Michail M. Bachtin, Die Ästhetik des Wortes, hrsg. von Rainer Grübel
968 Frauen, die pfeifen. Herausgegeben von R. Geiger, H. Holinka, C. Rosenkranz, S. Weigel
969 Ernst Bloch, Die Lehren von der Materie
970 Giuliano Scabia, Das große Theater des Marco Cavallo
971 Siegfried Kracauer, Jacques Offenbach
974 Jiří Kosta, Abriß der sozialökonomischen Entwicklung der Tschechoslowakei 1945-1977
975 Nathan, Ideologie, Sexualität und Neurose
976 Bernd Jürgen Warneken, Literarische Produktion
978 Klaus Mäding, Strafrecht und Massenerziehung in der VR China
979 Bertolt Brecht, Tagebücher 1920-1922
981 Jeanne Favret-Saada, Die Wörter, der Zauber, der Tod
983 Bassam Tibi, Internationale Politik und Entwicklungsländer-Forschung
984 Dieter Kühn, Löwenmusik
985 Agnes Schoch, Vorarbeiten zu einer pädagogischen Kommunikationstheorie
987 Augusto Boal, Theater der Unterdrückten
989 Brecht-Jahrbuch 1979
991 Ruggiero Romano u. a., Die Gleichzeitigkeit des Ungleichzeitigen
992 Naturalismus/Ästhetizismus. Herausgegeben von Bürger/Schutte-Sasse
993 Ginette Raimbault, Kinder sprechen vom Tod
996 Starnberger Studien 3
1000 Stichworte zur ›Geistigen Situation der Zeit‹ 1. Band, Nation und Republik; 2. Band, Politik und Kultur. Herausgegeben von Jürgen Habermas.

Alphabetisches Verzeichnis der edition suhrkamp

Abendroth, Sozialgesch. d. europ. Arbeiterbewegung 106
Abendroth, Ein Leben 820
Achternbusch, L'Etat c'est moi 551
Adam, Südafrika 343
Adorno, Drei Studien zu Hegel 38
Adorno, Eingriffe 10
Adorno, Kritik 469
Adorno, Jargon d. Eigentlichkeit 91
Adorno, Moments musicaux 54
Adorno, Ohne Leitbild 201
Adorno, Stichworte 347
Adorno, Zur Metakritik der Erkenntnistheorie 590
Adorno, Gesellschaftstheorie u. Kultur 772
Aggression und Anpassung 282
Alberts/Balzer/Heister/Warneken u.a., Segmente der Unterhaltungsindustrie 651
Alff, Der Begriff Faschismus 456
Alff, Materialien zum Kontinuitätsproblem 714
Althusser, Für Marx 737
Altvater/Basso/Mattick/Offe u. a., Rahmenbedingungen 824
Andersch, Die Blindheit des Kunstwerks 133
Anderson, Von der Antike 922
Anderson, Entstehung des absolutistischen Staates 950
Antworten auf H. Marcuse 263
Architektur als Ideologie 243
Architektur u. Kapitalverwertung 638
Über H. C. Artmann 541
Arzt u. Patient in der Industriegesellschaft, hrsg. v. O. Döhner 643
Aspekte der Marxschen Theorie I 632
Aspekte der Marxschen Theorie II 633
Auf Anregung Bertolt Brechts: Lehrstücke, hrsg. v. Reiner Steinweg 929
Augstein, Meinungen 214
Aus der Zeit der Verzweiflung 840
Ausgewählte Gedichte Brechts, hrsg. von W. Hinck 927
Autonomie der Kunst 592
Autorenkollektiv Textinterpretation..., Projektarbeit als Lernprozeß 675
Bachrach/Baratz, Macht und Armut 813
Bachtin, Ästhetik des Wortes, hrsg. von Rainer Grübel
Bahr (Hrsg.), Brecht, »Die Rundköpfe...«, Bühnenfassung 605
Baran/Sweezy, Monopolkapital [in Amerika] 636
Barthes, Mythen des Alltags 92

Barthes, Kritik und Wahrheit 218
Basaglia, F., Die abweichende Mehrheit 537
Basaglia, F. (Hrsg.), Die negierte Institution 655
Basaglia, F. (Hrsg.), Was ist Psychiatrie? 708
Basso, L., Gesellschaftsformation u. Staatsform 720
Baudelaire, Tableaux Parisiens 34
Becker, E. / Jungblut, Strategien der Bildungsproduktion 556
Becker, H., Bildungsforschung 483
Becker, J., Felder 61
Becker, J., Ränder 351
Becker, J., Umgebungen 722
Über Jürgen Becker 552
Beckett, Aus einem aufgegeb. Werk 145
Beckett, Fin de partie / Endspiel 96
Materialien zum ›Endspiel‹ 286
Beckett, Das letzte Band 389
Beckett, Warten auf Godot 3
Beckett, Glückliche Tage 849
Beiträge zur marxist. Erkenntnistheorie 349
Benjamin, Drei Hörmodelle 468
Benjamin, Das Kunstwerk 28
Benjamin, Über Kinder 391
Benjamin, Kritik der Gewalt 103
Benjamin, Städtebilder 17
Benjamin, Versuche über Brecht 172
Benjamin, Briefe 1 und 2, hrsg. v. Scholem/Adorno 930
Bergk/Ewald/Fichte u.a., Aufklärung und Gedankenfreiheit 890
Berger, Untersuchungsmethode u. soziale Wirklichkeit 712
Berger/Heßler/Kavemann, Brot für heute 936
Bergman, Wilde Erdbeeren 79
Bergmann, Beiträge zur Soziologie d. Gewerkschaften 905
Bernhard, Amras 142
Bernhard, Fest für Boris 440
Bernhard, Prosa 213
Bernhard, Ungenach 279
Bernhard, Watten 353
Über Thomas Bernhard 401
Bernstein, Beiträge zu einer Theorie 850
Bertaux, Hölderlin u. d. Französ. Revol. 344
Berufsbildungsreform, hrsg. v. C. Offe 761
Bettelheim/Mészarós/Rossanda u. a., Zurückforderung der Zukunft 962
Blatter, Genormte Tage 858
Blanke u. a., Bürgerlicher Staat 861
Bloch, Avicenna 22
Bloch, Ästhetik des Vor-Scheins I 726

Bloch, Ästhetik des Vor-Scheins II 732
Bloch, Das antizipierende Bewußtsein 585
Bloch, Die Lehren von der Materie 969
Bloch, Christian Thomasius 193
Bloch, Durch die Wüste 74
Bloch, Über Hegel 413
Bloch, Pädagogica 455
Bloch, Tübinger Einleitung in die Philosophie I 11
Bloch, Tübinger Einleitung in die Philosophie II 58
Bloch, Über Karl Marx 291
Bloch, Vom Hasard zur Katastrophe 534
Bloch, Widerstand und Friede 257
Bloch/Braudel/L. Febvre u. a., Schrift und Materie der Geschichte 814
Block, Ausgewählte Aufsätze 71
Blumenberg, Kopernikan. Wende 138
Boal, Theater der Unterdrückten 987
Bock, Geschichte des ›linken Radikalismus‹ in Deutschland 645
Boer, Lodewijk de, The Family 760
Böckelmann, Theorie der Massenkommunikation 658
Böhme, Soz.- u. Wirtschaftsgesch. 253
du Bois-Reymond, B. Söll, Neuköllner Schulbuch, 2 Bände 681
du Bois-Reymond, M., Strategien kompensator. Erziehung 507
du Bois-Reymond, Verkehrsformen 830
Bolius, Erziehungsroman 876
Bond, Gerettet / Hochzeit d. Papstes 461
Bond, Bündel 500
Borneman, Psychoanalyse des Geldes 902
Bosse, Verwaltete Unterentwicklung 752
Bowles/Gintis, Pädagogik 917
Brackert, Bauernkrieg 782
Brandt u. a., Zur Frauenfrage im Kapitalismus 581
Brandys, Granada 167
Brasch, Rotter 939
Braun, Gedichte 397
Braun, Es genügt nicht die einfache Wahrheit 799
Brecht, Antigone / Materialien 134
Brecht, Arturo Ui 144
Brecht, Ausgewählte Gedichte 86
Brecht, Baal 170
Brecht, Baal der asoziale 248
Brecht, Brotladen 339
Brecht, Das Verhör des Lukullus 740
Brecht, Der gute Mensch v. Sezuan 73
Materialien zu ›Der gute Mensch . . .‹ 247
Brecht, Der Tui-Roman 603
Brecht, Die Dreigroschenoper 229
Brecht, Die Geschäfte des Julius Cäsar 332

Brecht, Die heilige Johanna der Schlachthöfe 113
Brecht, Die heilige Johanna / Fragmente und Varianten 427
Brecht, Die Maßnahme 415
Brecht, Die Tage der Commune 169
Brecht, Furcht u. Elend d. 3. Reiches 392
Brecht, Gedichte u. Lieder aus Stücken 9
Brecht, Herr Puntila 105
Brecht, Im Dickicht der Städte 246
Brecht, Jasager – Neinsager 171
Brecht, Kaukasischer Kreidekreis 31
Materialien zum ›Kreidekreis‹ 155
Brecht, Kuhle Wampe 362
Brecht, Leben des Galilei 1
Materialien zu ›Leben des Galilei‹ 44
Brecht, Leben Eduards II. 245
Brecht, Stadt Mahagonny 21
Brecht, Mann ist Mann 259
Brecht, Mutter Courage 49
Materialien zu ›Mutter Courage‹ 50
Materialien zu ›Die Mutter‹ 305
Brecht, Die Mutter (Regiebuch) 517
Brecht, Über Realismus 485
Brecht, Über d. Beruf d. Schauspielers 384
Brecht, Schweyk im zweiten Weltkrieg 132
Materialien zu ›Schweyk im zweit. Weltkrieg‹ 604
Brecht, Die Gesichte der Simone Machard 369
Brecht, Über Politik und Kunst 442
Brecht, Über experiment. Theater 377
Brecht, Trommeln in der Nacht 490
Brecht, Tagebücher 1920-1922 979
Brecht, Über Lyrik 70
Brecht, Gedichte in 4 Bänden 835-38
Brecht-Jahrbuch 1974 758
Brecht-Jahrbuch 1975 797
Brecht-Jahrbuch 1976 853
Brecht-Jahrbuch 1977 906
Brecht-Jahrbuch 1978 956
Brecht-Jahrbuch 1979 989
Brecht, Drei Lehrstücke 817
Brecht im Gespräch, hrsg. von Werner Hecht 771
Brechts Modell der Lehrstücke, hrsg. von Rainer Steinweg 929
Brede u. a., Determinanten d. Wohnungsversorgung 745
Brede u. a., Politische Ökonomie d. Bodens 868
Bredekamp, Kunst als Medium sozialer Konflikte 763
Materialien zu H. Brochs ›Die Schlafwandler‹ 571
Brooks, Paradoxie im Gedicht 124

Brus, Funktionsprobleme d. sozialist. Wirtschaft 472
Brus, W., Sozialistisches Eigentum 801
Brünneck, Politische Justiz 944
Bubner, Dialektik u. Wissenschaft 597
Bürger, Die französ. Frühaufklärung 525
Bürger, Theorie der Avantgarde 727
Bürger, Aktualität und Geschichtlichkeit 879
Bürger/Schulte-Sasse (Hrsg.), Naturalismus 992
Bulthaup, Zur gesellschaftl. Funktion der Naturwissenschaften 670
Burke, Dichtung als symbol. Handlung 153
Burke, Rhetorik in Hitlers ›Mein Kampf‹ 231
Busch, Die multinationalen Konzerne 741
Cardoso/Faletto, Abhängigkeit 841
Caspar D. Friedrich u. d. dt. Nachwelt, hrsg. v. W. Hofmann 777
Celan, Ausgewählte Gedichte 262
Über Paul Celan 495
Chasseguet-Smirgel (Hrsg), Psychoanalyse der weiblichen Sexualität 697
Chomsky, Aus Staatsraison 736
Claas, Die politische Ästhetik 832
Clemenz, Gesellschaftl. Ursprünge des Faschismus 550
Cohen/Taylor, Ausbruchsversuche 898
Cogoy, Wertstruktur und Preisstruktur 810
Cooper, Psychiatrie u. Anti-Psychiatrie 497
Córdova/Michelena, Lateinamerika 311
Creeley, Gedichte 227
Dallemagne, Die Grenzen der Wirtschaftspolitik 730
Damus, Entscheidungsstrukturen in der DDR-Wirtschaft 649
Deleuze/Guattari, Kafka 807
Deleuze/Parnet, Dialoge 666
Determinanten der westdeutschen Restauration 1945-1949 575
Deutsche und Juden 196
Die Hexen der Neuzeit, hrsg. von Claudia Honegger 743
Dobb, Organis. Kapitalismus 166
Dobb, Wert- und Verteilungstheorien 765
Döbert, R./Nunner-Winkler, G,. Adoleszenzkrise und Identitätsbildung 794
Dorst, Eiszeit 610
Dorst, Toller 294
Über Tankred Dorst (Werkbuch) 713
Drechsel u. a., Massenzeichenware 501
Doras, Ganze Tage in den Bäumen 80
Duras, Hiroshima mon amour 26
Eckensberger, Sozialisationsbedingungen d. öffentl. Erziehung 466
Eco, Zeichen 895
Eich, Abgelegene Gehöfte 288
Eich, Botschaften des Regens 48

Eich, Mädchen aus Viterbo 60
Eich, Setúbal / Lazertis 5
Eich, Marionettenspiele / Unter Wasser 89
Über Günter Eich 402
Eichenbaum, Theorie u. Gesch. d. Literatur 119
Eisner, Politik des libertären Sozialismus 422
Eisner, Sozialismus als Aktion 773
Elias/Lepenies, Zwei Reden 954
Eliot, Die Cocktail Party 98
Eliot, Der Familientag 152
Eliot, Mord im Dom 8
Eliot, Was ist ein Klassiker? 33
Entstalinisierung in der Sowjetunion 609
Enzensberger, Blindenschrift 217
Enzensberger, Deutschland 203
Enzensberger, Einzelheiten I 63
Enzensberger, Einzelheiten II 87
Enzensberger, Landessprache 304
Enzensberger, Das Verhör von Habana 553
Enzensberger, Palaver 696
Enzensberger, Der Weg ins Freie 759
Über H. M. Enzensberger 403
Erkenntnistheorie, marxist. Beiträge 349
Eschenburg, Über Autorität 129
Euchner, Egoismus und Gemeinwohl 614
Expressionismusdebatte, hrsg. von H. J. Schmitt 646
Fassbinder, Antiteater 443
Fassbinder, Antiteater 2 560
Fassbinder, Stücke 3 803
Favret-Saada, Die Wörter, der Zauber, der Tod 981
Fichant/Pêcheux, Überlegungen zur Wissenschaftsgeschichte 866
Fischer-Seidel, James Joyces »Ulysses« 826
Fleischer, Marxismus und Geschichte 323
Materialien zu M. F. Fleißer 594
Foucault, Psychologie u. Geisteskrankheit 272
Frauenarbeit – Frauenbefreiung, hrsg. v. A. Schwarzer 637
Frauenfrage im Kapitalismus, Brandt/Kootz/Steppke 581
Frauen im Gefängnis, hrsg. von Dürkop/Hartmann 916
Frauen, die pfeifen, hrsg. von Geiger/Holinka u. a. 968
Frerichs/Kraiker, Konstitutionsbedingungen 685
Friedensanalysen 1 784
Friedensanalysen 2 834
Friedensanalysen 3 847
Friedensanalysen 4 871
Friedensanalysen 5 891
Friedensanalysen 6 925
Friedensanalysen 7 955

Friedensanalysen 8 958
Friedensanalysen 9 755
Friedensanalysen 10 748
Frisch, Ausgewählte Prosa 36
Frisch, Biedermann u. d. Brandstifter 41
Frisch, Die chinesische Mauer 65
Frisch, Don Juan oder Die Liebe zur Geometrie 4
Frisch, Graf Öderland 32
Frisch, Frühe Stücke. Santa Cruz / Nun singen sie wieder 154
Frisch, Zürich – Transit 161
Frisch, Öffentlichkeit 209
Frisch/Hentig, Zwei Reden 874
Über Max Frisch 404
Über Max Frisch II 852
Materialien zu Max Frischs »Andorra« 653
Fritzsche, Politische Romantik 778
Fromm, Sozialpsychologie 425
Fučík, Reportage unter dem Strang geschrieben 854
Fuegi/Grimm/Hermand (Hrsg.), Brecht-Jahrbuch 1974 758
Gastarbeiter 539
Gefesselte Jugend / Fürsorgeerziehung 514
Geiss, Geschichte u. Geschichtswissenschaft 569
Germanistik 204
Gerhard, Ute, Verhältnisse und Verhinderungen 933
Gesellschaft, Beiträge zur Marxschen Theorie I 695
Gesellschaft II 731
Gesellschaft III 739
Gesellschaft IV 764
Gesellschaft V 787
Gesellschaft VI 806
Gesellschaft VII 827
Gesellschaft VIII/IX 863
Gesellschaft X 886
Gesellschaft XI 957
Gesellschaft XII 865
Gesellschaft XIII 692
Gesellschaftsstrukturen, hrsg. v. O. Negt u. K. Meschkat 589
Gespräche mit Ernst Bloch, Hrsg. von Rainer Traub und Harald Wieser 798
Gewerkschaften und Strafvollzug, Hrsg. v. Lüderssen u. a. 943
Goeschel/Heyer/Schmidbauer, Soziologie der Polizei I 380
Goffman, Asyle 678
Goldscheid/Schumpeter, Finanzkrise 698
Gombrich/Hochberg/Black, Kunst, Wahrnehmung, Wirklichkeit 860
Grass, Hochwasser 40
Gröll, Erziehung 802

Groth, Die Krise der Staatsfinanzen 918
Grundrechte als Fundament, hrsg. von Joachim Perels 951
Guattari, Psychotherapie 768
Guérin, Anarchismus 240
Haavikko, Jahre 115
Habermas, Logik d. Sozialwissenschft. 481
Habermas, Protestbewegung u. Hochschulreform 354
Habermas, Technik u. Wissenschaft als Ideologie 287
Habermas, Legitimationsprobleme im Spätkapitalismus 623
Habermas, Bovenschen u. a., Gespräche mit Marcuse 938
Habermas, Stichworte zur ›Geistigen Situation der Zeit‹ 1000
Hacks, Das Poetische 544
Hacks, Stücke nach Stücken 122
Hacks, Zwei Bearbeitungen 47
Handke, Die Innenwelt 307
Handke, Kaspar 322
Handke, Publikumsbeschimpfung 177
Handke, Wind und Meer 431
Handke, Ritt über den Bodensee 509
Über Peter Handke 518
Hannover, Rosa Luxemburg 233
Hartig/Kurz, Sprache als soz. Kontrolle 543
Hartig, Geburt der bürgerlichen Gesellschaft 937
Haug, Kritik d. Warenästhetik 513
Haug, Bestimmte Negation 607
Haug, Warenästhetik. Beiträge zur Diskussion 657
Hecht, Sieben Studien über Brecht 570
Hegel im Kontext 510
Hegels Philosophie 441
Heinemann, Präsidiale Reden 790
Heinsohn/Knieper, Theorie d. Familienrechts 747
Heller, A., Das Alltagsleben 805
Heinsohn/Knieper, Spielpädagogik 809
Heller, E., Nietzsche 67
Heller, E., Studien zur modernen Literatur 42
Hennicke (Hrsg.), Probleme d. Sozialismus i. d. Übergangsgesellschaften 640
Hennig, Thesen z. dt. Sozial- u. Wirtschaftsgeschichte 662
Hennig, Bürgerliche Gesellschaft 875
Henrich, Hegel im Kontext 510
Herbert, Ein Barbar 2 365
Herbert, Gedichte 88
Hermand, J., Von deutscher Republik 793
Herzen, Die gescheiterte Revolution 842
Hesse, Geheimnisse 52
Hesse, Tractat vom Steppenwolf 84

Hildesheimer, Das Opfer Helena / Monolog 118
Hildesheimer, Interpretationen zu Joyce u. Büchner 297
Hildesheimer, Mozart / Beckett 190
Hildesheimer, Nachtstück 23
Hildesheimer, Herrn Walsers Raben 77
Über Wolfgang Hildesheimer 488
Hinck, Geschichte im Gedicht 721
Hirsch, Wiss.-techn. Fortschritt i. d. BRD 437
Hirsch/Leibfried, Wissenschafts- u. Bildungspolitik 480
Hirsch, Staatsapparat u. Reprod. des Kapitals 704
Hobsbawm, Industrie und Empire I 315
Hobsbawm, Industrie und Empire II 316
Hobsbawm, Auf dem Weg zum ›historischen‹ Kompromiß 851
Hochmann, Thesen zu einer Gemeindepsychiatrie 618
Hoffmann-Axthelm, Theorie der künstler. Arbeit 682
Hoffmann (Hrsg.), Perspektiven kommunaler Kulturpolitik 718
Hofmann, Universität, Ideologie u. Gesellschaft 261
Hondrich, Theorie der Herrschaft 599
Horn, Dressur oder Erziehung 199
Horn u. a., Gewaltverhältnisse u. d. Ohnmacht d. Kritik 775
Horn (Hrsg.), Gruppendynamik u. ›subjekt. Faktor‹ 538
Hortleder, Gesellschaftsbild d. Ingenieurs 394
Hortleder, Ingenieure in der Industriegesellschaft 663
Horvat, B., Die jugoslaw. Gesellschaft 561
(Horváth) Materialien zu Ödön v. H. 436
Materialien zu H., ›Geschichten aus dem Wienerwald‹ 533
Materialien zu H., ›Glaube Liebe Hoffnung‹ 671
Materialien zu H., ›Kasimir und Karoline‹ 611
Über Ödön v. Horváth 584
Hrabal, Tanzstunden 126
Hrabal, Zuglauf überwacht 256
(Huchel) Über Peter Huchel 647
Huffschmid, Politik des Kapitals 313
Imperialismus und strukturelle Gewalt, hrsg. von D. Senghass 563
Information über Psychoanalyse 648
Internat. Beziehungen, Probleme der 593
Jacoby, Soziale Amnesie 859
Jaeggi, Literatur und Politik 522
Jahoda u. a., Die Arbeitslosen v. Marienthal 769
Jakobson, Kindersprache 330

Jauß, Literaturgeschichte 418
Johnson, Das dritte Buch über Achim 100
Johnson, Karsch 59
Über Uwe Johnson 405
(Joyce, J.) Materialien zu J., ›Dubliner‹ 357
Joyce, St., Dubliner Tagebuch 216
Jugendkriminalität 325
Kalivoda, Marxismus 373
Kapitalismus, Peripherer, hrsg. von D. Senghass 652
Kasack, Das unbekannte Ziel 35
Kaschnitz, Beschreibung eines Dorfes 188
Kern, Kampf um Arbeitsbedingungen 966
Kern/Schumann, Industriearbeit 907
Kino, Theorie des 557
Kipphardt, Hund des Generals 14
Kipphardt, Joel Brand 139
Kipphardt, In Sachen Oppenheimer 64
Kipphardt, Die Soldaten 273
Kipphardt, Stücke I 659
Kipphardt, Stücke II 677
Kirche und Klassenbindung, hrsg. v. Y. Spiegel 709
Kirchheimer, Politik und Verfassung 95
Kirchheimer, Funktionen des Staates u. d. Verfassung 548
Kirchheimer, Von der Weimarer Demokratie 821
Klöckner, Anna 791
Kluge/Negt, Öffentlichkeit und Erfahrung 639
Kluge, Lernprozesse mit tödlichem Ausgang 665
Kluge, Gelegenheitsarbeit einer Sklavin 733
Kluge, Neue Geschichten 819
Knieper, Weltmarkt 828
Über Wolfgang Koeppen 864
Kommune i. d. Staatsorganisation 680
Kosta, Abriß d. sozialökonomischen Entwicklung der Tschechoslowakei 974
Kracauer, Jacques Offenbach 971
Kraiker/Frerichs, Konstitutionsbedingungen 685
Kreiler, Verständigungstexte Gefangener 716
Kristeva/Eco/Bachtin u. a., Textsemiotik 796
Kristeva, Die Revolution d. poetischen Sprache 949
Kritische Friedenserziehung 661
Kritische Friedensforschung 478
Kroetz, Drei Stücke 473
Kroetz, Oberösterreich u. a. 707
Kroetz, Vier Stücke 586
Kroetz, Drei neue Stücke 753
Krolow, Ausgewählte Gedichte 24
Krolow, Landschaften für mich 146
Krolow, Schattengefecht 78
Über Karl Krolow 527

Kris, Die ästhetische Illusion 867
Kropotkin, Ideale und Wirklichkeit 762
Kühn, Ausflüge im Fesselballon 656
Kühn, Goldberg-Variationen 795
Kühn, Grenzen des Widerstands 531
Kühn, Unternehmen Rammbock 683
Kühn, Löwenmusik 984
Kühnl/Rilling/Sager, Die NPD 318
Kulturpolitik, Kommunale 718
Kunst, Autonomie der 592
Laermann, u.a., Reise und Utopie 766
Laing, Phänomenologie der Erfahrung 314
Laing/Cooper, Vernunft und Gewalt 574
Laing/Phillipson/Lee, Interpers. Wahrnehmung 499
Landauer, Erkenntnis und Befreiung 818
Leithäuser/Volmerg/Wutka, Entwurf zu einer Empirie 878
Lefebvre, H., Marxismus heute 99
Lefebvre, H., Dialekt. Materialismus 160
Lefebvre, H., Metaphilosophie 734
Lefebvre, Einführung in die Modernität 831
Lehrlingsprotokolle 511
Lehrstück Lukács, hrsg. v. I. Matzur 554
Leithäuser/Heinz, Produktion, Arbeit, Sozialisation 873
Lempert, Berufliche Bildung 699
Lenhardt, Berufliche Weiterbildung 744
Lenhardt, Der hilflose Sozialstaat 932
Lévi-Strauss, Ende d. Totemismus 128
Liberman, Methoden d. Wirtschaftslenkung im Sozialismus 688
Linhartová, Geschichten 141
Literaturunterricht, Reform 672
Lippe, Bürgerliche Subjektivität 749
Literatur und Literaturtheorie, hrsg. von Hohendahl u. P. Herminghouse 779
Loch/Kernberg u. a., Psychoanalyse im Wandel 881
Lorenz, Sozialgeschichte der Sowjetunion 1 654
Lorenz (Hrsg.), Umwälzung einer Gesellschaft 870
Lorenzer, Kritik d. psychoanalyt. Symbolbegriffs 393
Lorenzer, Gegenstand der Psychoanalyse 572
Lotman, Struktur d. künstler. Textes 582
Lüdke (Hrsg.), Nach dem Protest 964
Lukács, Heller, Márkus u. a., Individuum und Praxis 545
Luthardt (Hrsg.), Sozialdemokratische Arbeiterbewegung Band 1 923/Bd. 2 934
Lyon, Bertolt Brecht und Rudyard Kipling 804
Mäding, Strafrecht 978
Majakowskij, Wie macht man Verse? 62
Malkowski, Was für ein Morgen 792

Mandel, Marxist. Wirtschaftstheorie, 2 Bände 595/96
Mandel, Der Spätkapitalismus 521
Marcuse, Umkehrung der Moral 903
Marcuse, Versuch über die Befreiung 329
Marcuse, H., Konterrevolution u. Revolte 591
Marcuse, Kultur u. Gesellschaft I 101
Marcuse, Kultur u. Gesellschaft II 135
Marcuse, Theorie der Gesellschaft 300
Marcuse, Zeit-Messungen 770
Marx, Die Ethnologischen Exzerpthefte 800
Marxist. Rechtstheorie, Probleme der 729
Marxsche Theorie, Aspekte, I 632
Marxsche Theorie, Aspekte, II 633
Massing, Polit. Soziologie 724
Mattick, Spontaneität und Organisation 735
Mattick, Beiträge zur Kritik des Geldes 723
Matzner, J. (Hrsg.), Lehrstück Lukács 554
Mayer, H., Anmerkungen zu Brecht 143
Mayer, H., Anmerkungen zu Wagner 189
Mayer, H., Das Geschehen u. d. Schweigen 342
Mayer, H., Repräsentant u. Märtyrer 463
Mayer, H., Über Peter Huchel 647
Über Hans Mayer 887
Meier, Begriff ›Demokratie‹ 387
Meschkat/Negt, Gesellschaftsstrukturen 589
Michel, Sprachlose Intelligenz 270
Michels, Polit. Widerstand in den USA 719
Mitbestimmung, Kritik der 358
Mitscherlich, Krankheit als Konflikt I 164
Mitscherlich, Krankheit als Konflikt II 237
Mitscherlich, Unwirtlichkeit unserer Städte 123
Mitscherlich, Freiheit und Unfreiheit i. d. Krankheit 505
Mittelstraß, J. (Hrsg.) Methodologische Probleme 742
Monopol und Staat, hrsg. v. R. Ebbinghausen 674
Moral und Gesellschaft 290
Moser, Repress. Krim.psychiatrie 419
Moser/Künzel, Gespräche mit Eingeschlossenen 375
Moser, Verstehen, Urteilen, Verurteilen 880
Most, Kapital und Arbeit 587
Müller, Die Verdrängung des Ornaments 829
Müller-Schwefe (Hrsg.), Männersachen 717
Münchner Räterepublik 178
Mukařovský, Ästhetik 428
Mukařovský, Poetik 230
Über Adolf Muschg 686
Napoleoni, Ökonom. Theorien 244
Napoleoni, Ricardo und Marx, hrsg. von Cristina Pennavaja 702

Nathan, Ideologie, Sexualität und Neurose 975
Negt/Kluge, Öffentlichkeit u. Erfahrung 639
Negt/Meschkat, Gesellschaftsstrukturen 589
Negt, Keine Demokratie 812
Neues Hörspiel O-Ton, hrsg. von K. Schöning 705
Neumann-Schönwetter, Psychosexuelle Entwicklung 627
Neumann, Wirtschaft, Staat, Demokratie 892
Nossack, Das Mal u. a. Erzählungen 97
Nossack, Das Testament 117
Nossack, Der Neugierige 45
Nossack, Der Untergang 19
Nossack, Pseudoautobiograph. Glossen 445
Über Hans Erich Nossack 406
Nyssen (Hrsg.), Polytechnik in der BRD? 573
Obaldia, Wind in den Zweigen 159
Oehler, Pariser Bilder 1 725
v. Oertzen, Die soz. Funktion des staatsrechtl. Positivismus 660
Oevermann, Sprache und soz. Herkunft 519
Offe, Strukturprobleme d. kapitalist. Staates 549
Offe, Berufsbildungsreform 761
Olson, Gedichte 112
Ostaijen, Grotesken 202
Parker, Meine Sprache bin ich 728
Peripherer Kapitalismus, hrsg. von D. Senghaas 652
Perspektiven der kommunalen Kulturpolitik, hrsg. v. H. Hoffmann 718
Piscator, Theater der Auseinandersetzung 883
Piton, Anders leben 767
Piven/Cloward, Regulierung der Armut 872
Politik der Subjektivität, hrsg. von Michaela Wunderle
Politzer, Kritik der Grundlagen 893
Poulantzas, Die Krise 888
Pozzoli, Rosa Luxemburg 710
Preuß, Legalität und Pluralismus 626
Price, Ein langes glückl. Leben 120
Probleme d. intern. Beziehungen 593
Probleme d. marxist. Rechtstheorie 729
Probleme d. Sozialismus u. der Übergangsgesellschaften 640
Probleme einer materialist. Staatstheorie, hrsg. v. J. Hirsch 617
Projektarbeit als Lernprozeß 675
Prokop D., Massenkultur u. Spontaneität 679
Prokop U., Weiblicher Lebenszusammenhang 808
Pross, Bildungschancen v. Mädchen 319
Prüß, Kernforschungspolitik i. d. BRD 715
Przybós, Werkzeug aus Licht 908
Psychiatrie, Was ist ... 708
Psychoanalyse als Sozialwissensch. 454

Psychoanalyse, Information über 648
Psychoanalyse d. weibl. Sexualität 697
Puls/Thompson u. a., Wahrnehmungsformen u. Protestverhalten 948
Queneau, Mein Freund Pierrot 76
Raimbault, Kinder sprechen vom Tod 993
Rajewsky, Arbeitskampfrecht 361
Rammstedt, Soziale Bewegung 844
Reform d. Literaturunterrichts, hrsg. v. H. Brackert / W. Raitz 672
Reichert/Senn, Materialien zu Joyce ›Ein Porträt d. Künstlers‹ 776
Restauration, Determinanten d. westdt. R. 575
Ritsert (Hrsg.), Zur Wissenschaftslogik 754
Ritter, Hegel u. d. Französ. Revolution 114
Ritter-Röhr, D. (Hrsg.) Der Arzt, sein Patient und die Gesellschaft 746
Rocker, Aus d. Memoiren eines dt. Anarchisten 711
Róheim, Psychoanalyse und Anthropologie 839
Rolshausen, Wissenschaft 703
Romano, Die Gleichzeitigkeit 991
Rossanda, Über Dialektik v. Kontinuität u. Bruch 687
Rossanda/Magri, Der lange Marsch 823
Rottleuthner (Hrsg.), Probleme d. marxist. Rechtstheorie 729
Runge, Bottroper Protokolle 271
Runge, Frauen 359
Runge, Reise nach Rostock 479
Rüpke, Schwangerschaftsabbruch 815
Russell, Probleme d. Philosophie 207
Russell, Wege zur Freiheit 447
Sachs, Das Leiden Israels 51
Sandkühler, Praxis u. Geschichtsbewußtsein 529
Sarraute, Schweigen / Lüge 299
Scabia, Marco Cavallo 970
Schäfer/Edelstein/Becker, Probleme d. Schule (Beispiel Odenwaldschule) 496
Schäfer/Nedelmann, CDU-Staat 370
Schedler, Kindertheater 520
Scheugl/Schmidt jr., Eine Subgeschichte d. Films, 2 Bände 471
Schklowskij, Schriften zum Film 174
Schklowskij, Zoo 130
Schlaffer, Der Bürger als Held 624
Schlaffer, Studien zum ästhetischen Historismus 756
Schmidt, Ordnungsfaktor 487
Schmitt, Der Streit mit Georg Lukács 579
Schmitt, Expressionismus-Debatte 646
Schneider/Kuda, Arbeiterräte 296
Schnurre, Kassiber / Neue Gedichte 94
Scholem, Judentum 414

Schoch, Vorarbeiten 985
Schram, Die perman. Revolution i. China 151
Schütze, Rekonstrukt. d. Freiheit 298
Schule und Staat im 18. u. 19. Jh., hrsg. v. K. Hartmann, F. Nyssen, H. Waldeyer 694
Schwarzer (Hrsg.), Frauenarbeit – Frauenbefreiung 637
Sechehaye, Tagebuch einer Schizophrenen 613
Segmente der Unterhaltungsindustrie 651
Senghaas, Rüstung und Materialismus 498
Senghaas, Weltwirtschaftsordnung 856
Setzer, Wahlsystem in England 664
Shaw, Caesar und Cleopatra 102
Shaw, Der Katechismus d. Umstürzlers 75
Siegert, Strukturbedingungen 882
Soboul, Französische Revolution 960
Söll/du Bois-Reymond, Neuköllner Schulbuch, 2 Bände 681
Sohn-Rethel, Geistige u. körperl. Arbeit 555
Sohn-Rethel, Ökonomie u. Klassenstruktur d. dt. Faschismus 630
Sohn-Rethel, Warenform und Denkform 904
Sozialistische Realismuskonzeptionen 701
Spazier/Bopp, Grenzübergänge. Psychotherapie 738
Spiegel (Hrsg.), Kirche u. Klassenbindung 709
Sraffa, Warenproduktion 780
Starnberger Studien 1 877
Starnberger Studien 2 963
Starnberger Studien 3 996
Sternberger, Bürger 224
Straschek, Handbuch wider das Kino 446
Streik, Theorie und Praxis 385
Strindberg, Ein Traumspiel 25
Struck, Klassenliebe 629
Sweezy, Theorie d. kapitalist. Entwicklung 433
Sweezy/Huberman, Sozialismus in Kuba 426
Szondi, Über eine freie Universität 620
Szondi, Hölderlin-Studien 379
Szondi, Theorie d. mod. Dramas 27
Tagträume vom aufrechten Gang, hrsg. von Arno Münster 920
Tardieu, Imaginäres Museum 131
Technologie und Kapital 598
Teige, Liquidierung der ›Kunst‹ 278
Tibi, Militär u. Sozialismus i. d. Dritten Welt 631
Tibi, Internationale Politik 983
Tiedemann, Studien z. Philosophie Walter Benjamins 644
›Theorie der Avantgarde‹ hrsg. v. W. Martin Lüdke 825
Tohidipur (Hrsg.), Verfassung 822

Tohidipur (Hrsg.) Der bürgerliche Rechtsstaat 901
Toleranz, Kritik der reinen 181
Toulmin, Voraussicht u. Verstehen 292
Tumler, Nachprüfung eines Abschieds 57
Tynjanov, Literar. Kunstmittel 197
Ueding, Glanzvolles Elend. Versuch über Kitsch u. Kolportage 622
Ueding, (Hrsg.), Literatur ist Utopie 935
Uspenskij, Poetik der Komposition 673
Volmerg, Identität und Arbeitserfahrung 941
Vossler, Revolution von 1848 210
Vyskočil, Knochen 211
Walser, Abstecher / Zimmerschlacht 205
Walser, Heimatkunde 269
Walser, Der Schwarze Schwan 90
Walser, Die Gallistl'sche Krankheit 689
Walser, Eiche und Angora 16
Walser, Ein Flugzeug über d. Haus 30
Walser, Kinderspiel 400
Walser, Leseerfahrungen 109
Walser, Lügengeschichten 81
Walser, Überlebensgroß Herr Krott 55
Walser, Wie u. wovon handelt Literatur 642
Walser, Sauspiel mit Materialien, hrsg. von Werner Brändle 913
Walser, Wer ist ein Schriftsteller? 959
Über Martin Walser 407
Warneken, Literarische Produktion 976
Was ist Psychiatrie?, hrsg. v. F. Basaglia 708
Weber, Über d. Ungleichheit d. Bildungschancen in der BRD 601
Weber, Betty N., Brechts ›Kreidekreis‹ 928
Wehler, Geschichte als Histor. Sozialwissenschaft 650
Weil, Simone, Fabriktagebuch 940
Weiss, Abschied von den Eltern 85
Weiss, Stücke I 833
Weiss, Stücke II 910
Weiss, Fluchtpunkt 125
Weiss, Gesang v. Lusitanischen Popanz 700
Weiss, Gespräch d. drei Gehenden 7
Weiss, Jean Paul Marat 68
Materialien zu ›Marat/Sade‹ 232
Weiss, Rapporte 2 444
Weiss, Schatten des Körpers 53
Über Peter Weiss 408
Weiss, Alexander, Bericht aus der Klinik 889
Wellek, Konfrontationen 82
Wellershoff, Die Auflösung des Kunstbegriffs 848
Wellmer, Gesellschaftstheorie 335
Wesker, Die Freunde 420
Wesker, Die Küche 542
Wesker, Trilogie 215
Winckler, Studie z. gesellsch. Funktion faschist. Sprache 417

Winckler, Kulturwarenproduktion / Aufsätze z. Literatur- u. Sprachsoziologie 628
Wirth, Kapitalismustheorie in der DDR 562
Witte (Hrsg.), Theorie des Kinos 557
Wittgenstein, Tractatus 12
Wolf, Danke schön 331
Wolf, Fortsetzung des Berichts 378
Wolf, mein Famili 512
Wolf, Pilzer und Pelzer 234
Wolf, Auf der Suche nach Doktor Q. 811
Wolf, Die Gefährlichkeit 845
Über Ror Wolf 559
Wolff/Moore/Marcuse, Kritik d. reinen Toleranz 181
Wuthenow, Muse, Maske, Meduse 897
Zima, Kritik der Literatursoziologie 857
Zimmermann/Eigel, Plötzlich brach der Schulrat in Tränen aus 429
Zimmermann, Vom Nutzen der Literatur 885
Zoll, Der Doppelcharakter der Gewerkschaften 816